Jörg Knoblauch

Kann Kirche Kinder kriegen?

Die Kirche steht sich selbst im Wege. – Daß die Menschen unserer Tage dem Evangelium gegenüber verschlossen sind, stimmt nicht. Umfragen zeigen: Die Mehrheit der Menschen ist dem Evangelium gegenüber offen. Warum sind diese Menschen dann nicht in unseren Gottesdiensten? – Überraschende Erkenntnis: Diese Menschen lieben keine harten Kirchenbänke, keine intellektuellen Predigten, keine Orgelmusik und keine Alleinunterhalter.

Das Modell »OASE – Gottesdienst anders« hat mit seinem speziell auf junge Familien und Singles ausgerichteten Angebot eine Antwort gegeben. Zahlreiche praktische Tips, Planungshilfen und Arbeitsmaterialien aus der OASE-Arbeit sind hier zusammengestellt, um auch anderen Gemeinden den Einstieg in zielgruppenorientierte Gottesdienste zu erleichtern.

Im ersten Teil geht es dabei um die Vorüberlegungen und das Konzept. Der zweite Teil, der von hinten zu lesen ist, beinhaltet die konkreten Schritte der OASE-Arbeit. So wird dieses »Wendebuch« zu einem anschaulichen Ratgeber, wie man Gottesdienste für kirchenferne Menschen planen und gestalten kann.

Dr. Jörg Knoblauch ist geschäftsführender Gesellschafter mehrerer Firmen und ist Vorstandsmitglied der »Christen in der Wirtschaft«. Zusammen mit Mitarbeitern seiner Kirchengemeinde hat der Managementtrainer und Buchautor das Modell »OASE – Gottesdienst anders« ins Leben gerufen.

Jörg Knoblauch

Kann Kirche Kinder kriegen?

1. Teil

Der zielgruppenorientierte Gottesdienst

2. Teil

Ein Modell: OASE – Gottesdienst anders

R. BROCKHAUS VERLAG WUPPERTAL

Umschlag: Buttgereit & Heidenreich, Haltern am See
Karikaturen: Werner »Tiki« Küstenmacher, Gröbenzell
Graphische Darstellungen: Buttgereit & Heidenreich, Haltern am See
Gesamtherstellung: Breklumer Druckerei Manfred Siegel KG
ISBN 3-417-24139-1
Bestell-Nr. 224 139

INHALT

VORWORT

Vielleicht denken Sie, daß die Frage »Kann Kirche Kinder kriegen?« nicht nur absurd klingt, sondern auch absurd ist. Ich lade Sie ein, in diesem Buch zu entdecken, welche Gründe ich dafür anführen werde, daß Kirche tatsächlich Kinder kriegen kann. Ich will Sie einladen, in aller Ruhe und durchaus kritisch diese Argumente zu prüfen, und ich bin sicher, daß Sie sich nach der Lektüre des Buches meiner Meinung anschließen werden. Deshalb lade ich Sie ein, diesen Veränderungsprozeß auf sich einwirken zu lassen.

»Der Gottesdienst ist praktisch leer, die Kasse auch, die Mitarbeiter laufen davon – aber Gott sei Dank, den anderen Gemeinden geht es auch nicht besser!«

Ich erinnere mich noch gut daran, als der schweizerische Pfarrer Walter Wieland einmal ins Erzählen kam und berichtete, wie er eines Abends in der Badewanne lag und sich die zentrale Frage für die Abendgestaltung stellte: Was kommt heute eigentlich im Fernsehen?! Da fiel ihm plötzlich auf: Es gab keine Wahlmöglichkeiten. In der Schweiz gab es nämlich nur ein einziges Fernsehprogramm. Und dann dachte er: Das ist ja genau wie in der Kirche! Wenn man an Gottesdienst denkt, dann denkt man nur an eine einzige Veranstaltung, den sonntäglichen Vormittagsgottesdienst um 10 Uhr.

Und die Tatsache, daß es nur eine einzige Form geben soll, in der Gottesdienst gefeiert wird, hat den schweizerischen Pfarrer seit diesem Schlüsselerlebnis in der Badewanne nicht mehr losgelassen. Seine heutige These lautet - genauso wie in der Medienwelt weitere Fernsehprogramme neben das bestehende DRS-Programm getreten sind -: Auch in der Kirche ist die Zeit gekommen, daß zu der früheren kirchlichen Monokultur, in der nur ein einziger Gottesdienst als echt, wirklich und legitim verstanden wurde, neue Formen von Gottesdiensten hinzutreten können. Und da nach »1« bekanntlich »2« kommt, steht auch in diesem Buch der Begriff »Zweites Programm« für die These, daß bestehende Gottesdienste durch neue Formen, neue Programme ergänzt und bereichert werden können.

Größere Wahlmöglichkeiten für den Fernsehzuschauer bedeuten größere Einschaltquoten, ein umfassenderes Erreichen der Bevölkerung und nicht zuletzt eine größere Akzeptanz des Mediums Fernsehen an sich. Das wünsche ich mir natürlich auch für die Kirche. Im gottesdienstmüden Deutschland ist es unerläßlich, daß gerade neben die bestehenden Gottesdienste neue Programme treten, die, wenn sie auch oft noch mit Anfangsschwierigkeiten behaftet sein mögen, in der Zukunft hoffentlich mehr Menschen das Evangelium nahebringen werden. Gemeinsam mit Ihnen freue ich mich, das zu erleben.

Wenn Sie hier weiterlesen, haben Sie den theoretischen Teil zum Thema »Zweitgottesdienst und neue Gemeinden« vor sich. Da dies ein »Wende-Buch« ist, kann man es auch von hinten nach vorne lesen. Im zweiten Teil wird dann das Ganze anhand eines praktischen Beispiels - der OASE - beschrieben. Beide Abschnitte dieses Buches sind aus eben diesem Modell »OASE - Gottesdienst anders« erwachsen.

Giengen, Sommer 1996

Kapitel 1

Kirche heute – Bestandsaufnahme

In Finnland wurde eine Umfrage durchgeführt, warum viele Menschen nicht mehr in den Gottesdienst kommen. Eine interessante Frage in einem Land, in dem der Gottesdienstbesuch mittlerweile auf 2 % abgesunken ist.

Die überraschende Antwort: 80 % der Befragten gehen nicht in den Gottesdienst wegen der 2 %, die derzeit gehen. Mit anderen Worten: Die Gemeinde, die sich da am Sonntagvormittag trifft, ist eine Zielgruppengemeinde, die sich offensichtlich ihre ganz eigenen Spielregeln gegeben hat. Es sind Menschen, die Orgelmusik lieben, harte Kirchenbänke und trockene Predigten akzeptieren und bestimmte kirchliche Traditionen pflegen. Offensichtlich ist jedoch der Kreis derer, die diese Vorlieben haben, sehr klein, denn

diese Kriterien passen offensichtlich auf 2 % treue Kirchgänger, nicht jedoch auf die 80 %, die im Prinzip für das Evangelium offen wären.

In den USA bemühen sich z.B. die Willow Creek-Gemeinde in Chicago und viele andere Gemeinden, auch in anderen Ländern, um Gottesdienste, die so gestaltet sind, daß sie Interessierte ansprechen. In England, wo diese Konzepte schon vor langer Zeit Fuß gefaßt haben, hat Martin Robinson ein Buch geschrieben*, in dem er eine ganze Reihe von englischen Gemeinden beschreibt, die mit diesem »Konzept für Suchende« (seekeroriented) arbeiten. Als Robinson vor Jahren nach Deutschland kam, um ein solches Buch über hiesige Gemeinden zu schreiben, hatten wir Probleme. Wir hatten Deutschland von Norden nach Süden und von Westen nach Osten bereist, um Gemeinden zu finden, die solche Modelle für Interessierte und Suchende umgesetzt haben. Wir haben sie – bis auf eine Ausnahme – nicht gefunden. Natürlich gibt es Kirchengemeinden, deren Hauptgottesdienste auch für Außenstehende offen und ansprechend gestaltet sind. Doch in der Regel sind die traditionellen Gottesdienste nur für eine bestimmte Zielgruppe interessant.

Der 10-Uhr-Gottesdienst – eine Zielgruppenveranstaltung für über 50jährige

Viele Gemeinden spüren, daß es mit dem 10-Uhr-Gottesdienst nicht mehr so richtig klappt. Egal, in welche Richtung man ihn verändern will, es gibt Ärger: Wenn junge Familien dazustoßen, dann gibt es Beschwerden über das Kindergeplärr, und ältere, treue Gottesdienstbesucher bleiben weg. Werden einige Lobpreislieder gesungen, dann fühlen sich manche ausgegrenzt. Kommen keine vor, ziehen sich wieder andere enttäuscht zurück.

* Martin Robinson, Kirche für Entkirchlichte, One Way Verlag, Wuppertal

Versuche, den Hauptgottesdienst zu verändern, sind nicht selten gescheitert. Viele von denen, die regelmäßig kommen, wollen Vertrautes nicht misssen, und fühlen sich heimatlos, wenn sie sich ständig umstellen sollen. »Fernstehende« dagegen sagen, daß ihnen diese Form von Gottesdienst fremd ist. Kürzlich kam ein Interessierter in unseren Gottesdienst und fragte als erstes, wo denn der Aschenbecher sei. Auch dies sorgte für Verwirrung.

Man muß es einfach akzeptieren: Der 10-Uhr-Gottesdienst hat sich unfreiwillig zur Zielgruppenveranstaltung für über 50jährige entwickelt.

Das ist nicht schlimm, man muß es nur erkennen. In Kapitel 5 sind verschiedene andere Zielgruppen aufgelistet. Da gibt es Aussiedler, Teenies, junge Familien, Intellektuelle usw. Wer nur einen Gottesdienst anbietet, wird nur einer Zielgruppe etwas bieten. Wer viele Gottesdienste anbietet, wird vielen Zielgruppen etwas bieten.

Wer seine Stadt mit dem Evangelium erreichen will, wird nicht daran vorbeikommen, ganz unterschiedliche Wege zu gehen.

Wenn jemand sagt, daß es um die Zukunft des christlichen Glaubens schlecht bestellt sei, so bestreite ich dies. Allerdings spielt sich diese Zukunft unter neuen Rahmenbedingungen ab.

Der Sonntagsgottesdienst in der Konkurrenzsituation des Marktes

Im November '93 veröffentlichte die Zeitschrift »Das Beste« in dem Artikel »Verlieren die Deutschen den Glauben?« folgende Zahlen:

71 % der Bundesbürger glauben an Gott; 78 % wünschen sich eine religiöse Erziehung für ihre Kinder; 68 % sagen, daß die Zehn Gebote größere Beachtung in unserer Gesellschaft verdienen. Aber: Noch nicht einmal 5 % aller Deutschen besuchen unsere Gottesdienste.

Die Mitglieder unserer Landeskirche kann man in vier Gruppen einteilen:

- 2 %, die jeden Sonntag kommen;
- 36 %, die unregelmäßig z.B. an Familiengottesdiensten teilnehmen;
- 47 % potentielle Besucher von Weihnachts- und Ostergottesdiensten;
- 15 %, die seit Jahren keinen Gottesdienst mehr besucht haben.

Daß die Tendenz weiterhin fallend ist, belegen auch die folgenden Zahlen:

- 1963 gingen noch 11 % der Protestanten im Alter von 16 bis 29 Jahren regelmäßig zum Gottesdienst;
- 1980 waren es nur noch 2 %;
- 1993 aber gehen gerade noch 2 % aller evangelischen Kirchenmitglieder in den Gottesdienst.

»Ich mache mir solche Vorwürfe, Bertha. Seit 50 Jahren schwänze ich zum ersten Mal die Gruppenstunde.«

Wie bewerten junge Gottesdienstbesucher den Gottesdienst?

1994 wurde eine Umfrage unter evangelikalen Jugendlichen und jungen Erwachsenen durchgeführt. Befragt wurden die aus verschiedenen Orten Württembergs stammenden Besucher des Jugendgottesdienstes in der Stuttgarter Stiftskirche. Dabei wurden von 595 vollständig ausgefüllten Fragebögen 100 Bögen entspre-

chend der Altersverteilung repräsentativ ausgewertet. Das Ergebnis dieser Befragung sah wie folgt aus:

- 11 % der Jugendlichen und jungen Erwachsenen sehen im Gottesdienst die eindeutige Mitte des Gemeindelebens.
- 17 % sehen den Gottesdienst gleichberechtigt neben Jugendkreisen, Hauskreisen und Gemeinschaftsstunden.
- 18 % würden es gut finden, wenn der Gottesdienst die Mitte des Gemeindelebens darstellen würde.
- 52 % sagen, daß für sie der Gottesdienst nicht die Mitte ist, sondern andere Veranstaltungen wichtiger sind.

Zusammengefaßt bedeutet dies: Selbst unter frommen Jugendlichen ist der Gottesdienst nicht mehr hoch im Kurs. Sie nehmen bestenfalls mit »innerer Distanz« teil. Unsere Gottesdienste fordern daher Alternativen geradezu heraus, sowohl innerkirchliche als auch freikirchliche. Trotz mancher positiver Äußerungen ist die Grundstimmung weithin: »Der Gottesdienst, wie er ist, spricht mich nicht an.«

Gewünscht werden eine fröhlichere, aufgelockerte Atmosphäre – der Gottesdienst soll ein Fest sein –, eine größere Beteiligung von Gemeindegliedern, echte Anteilnahme am anderen und ein »offenes Miteinander«. Kürzere, klar strukturierte und lebensnahe Predigten, die einem etwas für den Alltag mitgeben, sowie schwungvollere, neuere Lieder »mit Pep« und Anbetungslieder sind ebenso wichtig wie eine verständlichere Sprache. Viele meinen, daß man im Gottesdienst auch lachen oder applaudieren können sollte. Beliebt bei Jugendlichen und jungen Erwachsenen sind Gottesdienste für besondere Zielgruppen oder zu besonderen Anlässen: Familiengottesdienste, Jugendgottesdienste, Langschläfergottesdienste um 11 Uhr und Gottesdienste, in denen sich Gruppen aus der Gemeinde oder Missionare vorstellen, sowie Weihnachts- und Ostermorgengottesdienste.

Wenn jedoch schon in den eigenen Reihen Befremdung oder gar Verständnislosigkeit gegenüber unseren Gottesdiensten herrscht, dann haben Außenstehende sicherlich noch viel größere Schwierigkeiten mit den traditionellen Gottesdienstformen.

»Ja, unterhaltsam sind sie, aber irgend etwas fehlt mir bei diesen neuen Gottesdienstformen.«

Mensch, Gott und Kirche

In der Theologie gehen wir davon aus, daß es zwischen den Menschen und Gott eine tiefe Entfremdung, den Abgrund der Sünde, gibt.

Dieses Bild zeigt uns, was das neue Testament dazu sagt: Jesus ist für uns am Kreuz gestorben. Die große Kluft zwischen Gott und den Menschen ist überbrückt.

Allerdings: Eine neue Kluft hat sich aufgetan. Diese Kluft hat nun direkt mit uns, der Kirche, zu tun. Menschen, die sich aufmachen zu Gott, fallen in dieses Loch.

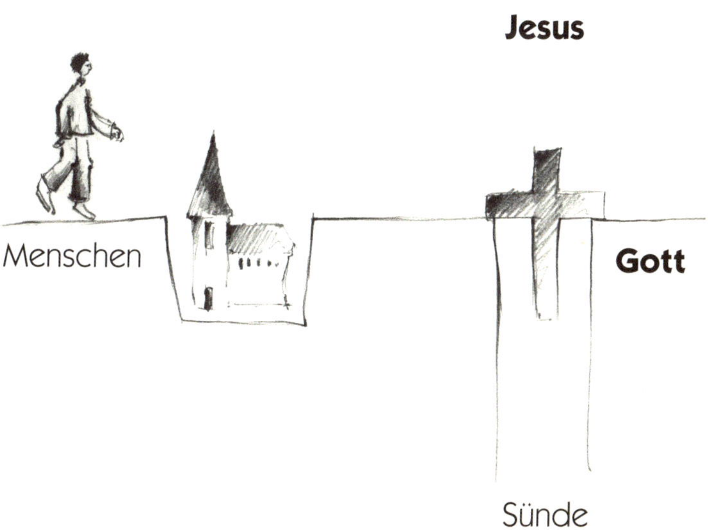

Das Problem: Menschen werden vom Evangelium nicht erreicht, sind also von Gott, so seltsam das klingt, durch die Kirche getrennt.

Hier sind einige Gründe, warum das so ist:

- Unsere Gottesdienstform ist antiquiert.
- Unsere Botschaft wird nicht mehr verstanden.
- Kirchliche Gruppen sind oft heillos zerstritten.
- Der durch die Pfarrerzentriertheit verursachte Mangel an mitarbeitenden Menschen zieht einen Mangel an menschlicher Nähe nach sich.
- Eine Kirche, von der man menschliche Wärme erwartet, wird zu oft als kalte Institution erlebt.

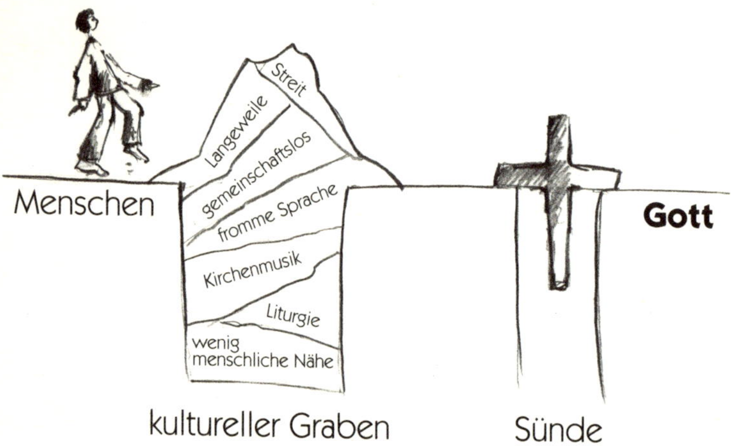

Natürlich gibt es über die Kirche bzw. das Erste Programm, wie wir es in diesem Buch nennen, auch viel Gutes zu sagen. Da gibt es Hilfsbereitschaft, Fürbitte und Fürsorge, Treue im Großen und im Kleinen. Trotzdem wird Kirche von vielen so empfunden, wie es oben dargestellt ist.

Jemand sagt, nachdem er diese Bilder gesehen hat: »Wenn das wahr ist, was diese Bilder ausdrücken, dann ist die Kirche, die den Menschen den Zugang zu Gott erleichtern soll, ein Institut, das die Leute eher daran hindert, zu Gott zu finden.« Ein anderer meint: »Sollen wir denn unsere schönen, lutherischen Gottesdienste abschaffen und nun ein modernes Unterhaltungsprogramm fahren?«

Spricht man engagierte Kirchenmitglieder auf diese Problematik an, dann werden Fragen wie die folgenden gestellt:

- Sprechen unsere Gottesdienste eine Sprache, die auch Menschen verstehen, denen die Kirche fremd geworden ist?
- Gibt es genügend Gottesdienste, die so zeitgemäß sind, daß sich interessierte Zeitgenossen dazu einladen lassen?
- Gibt es überhaupt Gottesdienste, zu denen man Interessierte auch ein zweites Mal mit Begeisterung einladen kann?

Wenn dies nicht der Fall ist, dann haben wir ungewollt Menschen aus der Kirche ausgegrenzt. Das aber will Gott nicht. Gott möchte zu jedem Menschen in »seiner Sprache« sprechen. Also muß die Kirche diese »Sprachen« lernen.

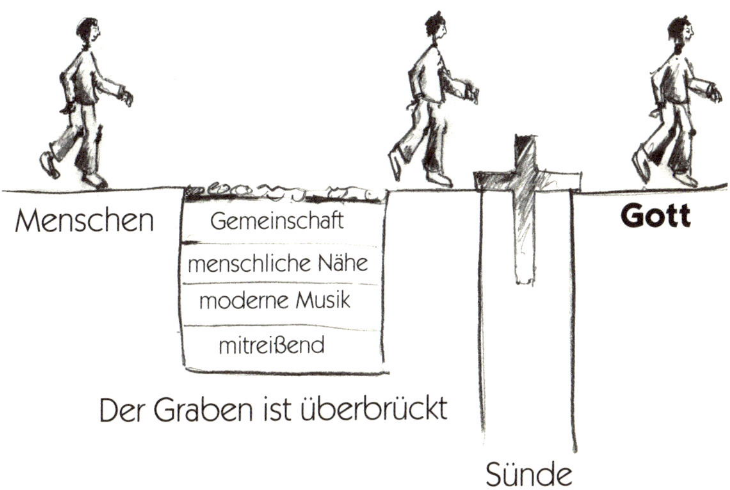

Wir brauchen also zeitgemäße Ergänzungen zu den hergebrachten, liebgewonnenen Gottesdiensten, ein »Zweites Programm«, zu dem wir einladen können, ohne befürchten zu müssen, daß die Besucher sich fremd fühlen. So etwas kann man nicht übers Knie brechen, aber ein kleines, kreatives Team von Mitarbeitern könnte sich dieser Aufgabe annehmen.

Die Segmentierung der Gesellschaft

Kürzlich hörte ich folgende Geschichte: Der Vorstandsvorsitzende der bekannten amerikanischen Hotelkette »Quality Inn« war eines Tages beim Friseur. Sie kamen ins Gespräch, und er fragte seinen Friseur: »Wohin fahren Sie dieses Jahr in Urlaub?« Seine Antwort: »Nach Las Vegas.« »Und wo werden Sie übernachten?« fragte der Hotelier weiter.

Die Antwort des Friseurs lautete: »Auf dem Weg nach Las Vegas suchen wir etwas ganz Preiswertes, damit wir uns dann in Las Vegas das beste Hotel leisten können.«

Damit war dem Vorstandsvorsitzenden klar, daß sein Friseur weder auf dem Weg nach Las Vegas in einem »Quality Inn« übernachten würde – das wäre ihm nämlich zu teuer – noch in Las Vegas selbst, denn die »Quality Inns« sind Hotels der mittleren Preiskategorie.

Heute, einige Jahre später, hat sich das geändert. Der Konzern hat mittlerweile First-Class-Hotels unter dem Namen »Clarion«, und es gibt nach wie vor das »Quality Inn« im Mittelklassebereich. Im Niedrigpreisbereich sind es die »Comfort Inn« und ausgesprochen preiswert ist die Kategorie des »Sleep Inn«.

Wenn wir von Segmentierung reden, dann geht es nicht darum, irgend jemandem etwas wegzunehmen. Es geht ganz einfach darum, etwas Neues hinzuzusetzen.

Welche Probleme sich aus der zunehmenden Segmentierung

der Gesellschaft ergeben, konnte ich neulich bei einer Konferenz erleben, bei der Unterrichtende der verschiedenen Disziplinen zusammentrafen. Da gab es alles – vom Informatikspezialisten bis zum Soziologieprofessor. Dabei wurde deutlich: Unser »gemeinsamer Zeichenvorrat«, wie die Psychologen sagen, wird immer kleiner. Die zunehmende Segmentierung in der Gesellschaft macht es immer schwieriger, miteinander zu kommunizieren. Das heißt: Wenn man bestimmte Menschen erreichen will, dann muß man sich ganz genau auf diese Gruppe einstellen.

Um es noch deutlicher zu machen: Der Musiker Vincent Salazar, ehemals südkalifornischer Hippie, ist heute Missionar in Dänemark. Dort gründete er die »Rock Out Church« in Kopenhagen, die besonders junge Leute erreichen soll. Dabei stellte er fest, daß es in Kopenhagen bei einer groben Einteilung bereits fünf wichtige und deutlich voneinander zu unterscheidende Rockmusikstile gibt, die jeweils eine eigene Fangemeinde haben.

Wer nun aber meint, daß man mit diesen fünf Rockmusikstilen die gesamte Musikszene Kopenhagens erreicht, hat weit gefehlt. Schließlich gibt es nicht nur diese eine Musikrichtung, sondern auch noch andere, wie z.B. Techno, Hip-Hop, Rap, Dance-Floor,

Soul, um nur einige zu nennen. Diese Gemeinde wird also beileibe nicht die ganze Rockszene Kopenhagens erreichen, geschweige denn die gesamte Musikszene der Stadt. Sie erreicht eben nur diesen einen Ausschnitt, in dem der Künstler beheimatet ist, wobei die Identifikation der Besucher nicht nur über die Musik, sondern auch über die entsprechende Kleidung und Frisur erfolgt.

In einer solchen Konkurrenzsituation mit vielfältigen Angeboten muß der Gottesdienst attraktiv und zielgruppenorientiert sein, sonst bleiben ihm die Menschen schlichtweg fern. Es muß die Frage erlaubt sein, was die Menschen dazu bringt, zum Gottesdienst zu kommen, statt ihre freie Zeit mit anderen Dingen zu verbringen – einschließlich der samstäglichen Fernsehnacht mit anschließendem Ausschlafen am Sonntagmorgen.

Wohlgemerkt, es geht nicht um eine Anbiederung an den Zeitgeist. Hier gilt, was schon Kierkegaard wußte: »Wer sich mit dem Zeitgeist vermählt, wird bald Witwer sein.« Mit anderen Worten: Wenn wir uns nur nach der Masse richten und dabei den Boden des Evangeliums verlassen, dann werden wir am Ende allein dastehen.

»Wenn die Kirche voll wäre und alle die Gemeinde Christi sehen könnten – was gäbe es denn da noch zu glauben ?!«

Damit ist klar, daß die Frage der Zielgruppenorientierung entscheidend ist. Mancher mag einwenden, daß dies nicht viel bringt. Ich möchte dagegen setzen: Wenn durch ein zweites Angebot nur fünf Leute zusätzlich kommen, dann sind es immerhin fünf zusätzlich. Überhaupt meine ich: Die gegenwärtige Krise ist nicht nur negativ. Aus ihr entsteht ein heilsamer Zwang zur geistlichen Neubesinnung, und sie bietet so eine Chance, eine Gottesdienstform zu finden, die wieder attraktiv ist.

Die Erkenntnis, daß wir heute auf dem »religiösen Markt« nur ein Anbieter unter anderen sind, ist sicherlich nicht nur negativ. Sie kann auch dazu befreien, engagiert und unvoreingenommen die eigene Position zu betrachten und Konsequenzen daraus zu ziehen.

Vom Monopol zum freien Wettbewerb

Ganz im Gegensatz zu diesen Entwicklungen meint die Volkskirche (Erstes Programm) immer noch, ein Monopol zu haben. Dabei ist es eine Tatsache, daß auf dem Markt der Weltanschauungen die Konkurrenten wie Pilze aus dem Boden schießen. Der Gottesdienst ist heute nur noch ein Angebot unter vielen. Wir sind mit dem Sonntagsgottesdienst in die Konkurrenzsituation eines pluralen Marktes gestellt. Was früher »Gebot« war, ist heute nur noch ein Angebot unter vielen.

Die Neudefinierung des Pfarrbezirks

Der Amtsbezirk eines Pfarrers hatte früher durchaus einen Sinn, solange die Gemeinde eine weitgehend homogene Gruppe darstellte. Heute ist es jedoch so, daß in einem Dorf, das von der Größe

»Während Ihres Gottesdienstes haben wir ein paar Verbesserungsvorschläge zusammengestellt.«

her gleichgeblieben ist, vier Jahrhunderte nach Einführung des Pfarrbezirks ganz unterschiedliche Leute wohnen. Da wohnt der Manager neben dem Yuppie und die Hausfrau neben dem Türken. Wir müssen sehen, daß die Leute nicht über einen Kamm geschoren werden dürfen und daß sie ganz unterschiedliche Lebensstile haben. Es ist deshalb sinnvoll, den Pfarrbezirk nicht nur geographisch zu betrachten, sondern auf die verschiedenen Bevölkerungsgruppen abzuheben, sozusagen dreidimensional statt zweidimensional zu denken – nicht nur schwarz-weiß, sondern farbig.

Ursprünglich konnte eine Kirche 500 bis 600 Leute erreichen. Ein typischer Pfarrbezirk hat heute jedoch 1.500 bis 2.000 Mitglieder und ist damit zu 80 % überlastet. (Wenn Sie es nicht glauben, fragen Sie Ihren Pfarrer.) Deswegen ist es notwendig, daß neben die bestehende Kirchengemeinde noch andere Angebote treten. Der frühere Kirchenratspräsident in Basel, Theophil Schubert, hat dies einmal so erklärt: »Es geht ja auch nicht einer zu einem bestimmten Zahnarzt, nur weil der im Haus nebenan wohnt. Er geht zu dem

Zahnarzt, der ihm empfohlen wurde und von dem er die beste Leistung erwartet.«

Pfarrbezirksgrenzen sind in den meisten Fällen so unnötig wie die Berliner Mauer. Zudem verhindern sie oft, daß Menschen wirklich dort Anschluß finden können, wo das für sie beste Angebot existiert.

Die herkömmlichen Pfarrgemeinden werden derzeit immer mehr durch Richtungsgemeinden ergänzt. Diese Richtungsgemeinden können ganz unterschiedliche Prägungen haben. So gibt es z.B. liberale, charismatische oder evangelikale Gemeinden. Das ist insgesamt ein gutes Konzept, nicht nur für die Gottesdienstbesucher, auch für die Kirche selbst, die so Mitarbeiter in der Kirche halten kann. Richtungsgemeinden gibt es viel zu wenige. Um an vielen Orten mehrere unterschiedliche Angebote zu haben, brauchen wir Gottesdienste für unterschiedliche geistliche Gruppen unter dem Dach einer Ortsgemeinde.

Mehr und mehr wird jedoch deutlich, daß es nötig ist, das geistliche Angebot in der Landeskirche zu verbreitern und zu spezifizieren, wenn wir den Auszug weiterer Christen aus unseren Gemeinden verhindern wollen.

Der bereits zitierte Kirchenpräsident Schubert sagt in einem Vortrag: »Der amerikanische Soziologe Bella hat herausgearbeitet, daß in der heutigen Gesellschaft die Leute in verschiedenen Lebensstilkreisen leben (Life Style Enclaves). So geht man z.B. vom schweizerischen Basel aus über den Rhein nach dem deutschen Rheinfelden, weil dort ein Sportclub ist, der dem eigenen Stil entspricht. Andere fahren beispielsweise zum Essen ins Elsaß, oder fahren viele Kilometer weit, weil ihnen dort eine Veranstaltung zusagt. Nur wir meinen: Die Leute, die in unserer kirchlichen Parochie (= Pfarrbezirk) wohnen, machen das anders. Diese Gnade der Einfalt möchte ich gerne besitzen!«

Die Meiers von nebenan

In seinem Buch »Beim Wort zum Sonntag schalt' ich ab«* beschreibt der Journalist Lee Strobel typische Merkmale der Lebenseinstellung von Herrn und Frau Meier von nebenan.

Im Gegensatz zu Herrn und Frau Gottlob, die die typischen Besucher des Ersten Programms repräsentieren (etwa 10 % aller Deutschen), nehmen die Meiers das traditionelle Angebot nicht wahr, sind aber grundsätzlich interessiert und damit potentielle Besucher des Zweiten Programms. Sie stellen mit ca. 70 % die größte Gruppe. Für die verbleibenden 20 % der Bevölkerung stehen Herr und Frau Unkirch, die der Kirche insgesamt ablehnend gegenüberstehen und die deshalb nur über persönliche Beziehungen erreicht werden können.

Aber lassen Sie uns diese drei Gruppen einmal näher betrachten:

Die Kirchentreuen: Herr und Frau Gottlob

(ca. 10-15 % der Kirchenmitglieder)

1. Herr und Frau Gottlob besuchen häufig den Gottesdienst und nehmen am Leben der Ortsgemeinde regen Anteil. Sie sind in der Regel über 50 Jahre alt.

2. Sie schätzen die kirchliche Gemeinschaft, die ihnen inneren Halt, Trost und Hilfe vermittelt.

3. Sie verstehen sich selbst als gute evangelische Christen. In ihrem Alltag versuchen sie, gewissenhaft und hilfsbereit zu sein. (Die meisten Kirchentreuen verstehen sich als gut evangelisch

* Lee Strobel, Beim Wort zum Sonntag schalt' ich ab – Die Welt eines Kirchendistanzierten verstehen, Projektion J, Wiesbaden, 1995

und sind eher etwas skeptisch »entschiedenen Christen« gegenüber.)

4. Die Gottlobs werden von den Kirchendistanzierten als langweilig, realitätsfremd, belanglos und bieder wahrgenommen. Ihre Frömmigkeit mag für sie akzeptabel sein, aber sie wirkt nicht im mindesten ansteckend.
5. Wie sie möchte kein Kirchendistanzierter werden.
6. Herr und Frau Gottlob sehen keinen Grund, liebgewordene Traditionen, Strukturen und ihre Sprache zu ändern. Alles das haben sie als kostbares Erbe von ihren Vorfahren übernommen und werden es entsprechend an ihre Nachfahren weitergeben.

Die Kirchendistanzierten: Herr und Frau Meier

(ca. 70 % der Kirchenmitglieder)

1. Herr und Frau Meier lehnen die Kirche ab, was aber nicht unbedingt heißt, daß sie Gott ablehnen.
2. Sie lassen sich moralisch treiben, doch heimlich sehnen sie sich nach einem Anker.
3. Sie lehnen Gebote ab, sind aber offen für Argumente.
4. Die Meiers verstehen das Christentum nicht, aber auch die Grundlage, worauf sie ihr eigenes Leben bauen, interessiert sie wenig.
5. Sie haben legitime Fragen bezüglich geistlicher Dinge, aber erwarten keine Antworten von Christen.
6. Sie fragen nicht nur: »Ist das Christentum wahr?«, sondern auch: »Funktioniert Christsein?«
7. Herr und Frau Meier möchten nicht nur etwas wissen, sie möchten es erleben.

8. Sie möchten nicht »Objekt« für jemanden sein, sind aber offen für Freundschaften zu anderen.

9. Die Meiers mißtrauen Autorität, aber sie sind offen für überzeugende Vorbilder.

10. Sie sind nicht mehr loyal gegenüber ihrer Konfession/Denomination, sondern fühlen sich dort hingezogen, wo ihren Bedürfnissen begegnet wird.

11. Sie sind nicht so sehr Mitläufer, sondern sehnen sich nach einer Sache, mit der sie sich identifizieren können.

12. Auch wenn Herr und Frau Meier nicht sehr an geistlichen Dingen interessiert sind, möchten sie doch, daß ihre Kinder eine gute moralische Grundlage bekommen.

13. Die Meiers sind verwirrt, was ihr Rollenverhalten betrifft, doch erwarten sie von der Bibel keine Antwort auf die Frage, was es heißt, Mann oder Frau zu sein.

14. Sie sind stolz darauf, tolerant gegenüber anderen Glaubensrichtungen zu sein, und denken, daß Christen engstirnig und intolerant sind.

15. Die Wahrscheinlichkeit ist relativ groß, daß Herr und Frau Meier einen Gottesdienst besuchen würden, wenn ein Freund sie dazu einlädt – aber dies würde sie eher abschrecken.

Die Kirchenfernen: Herr und Frau Unkirch

(ca. 20 % der Gesamtbevölkerung; 11 % im Westen, 58 % im Osten)

1. Herr und Frau **Unkirch** sind überdurchschnittlich jung und gebildet.

2. Die **Unkirchs** sind meist männlich, ledig, Beamte, Arbeiter oder Akademiker.

3. Herr und Frau **Wessi Unkirch** haben eine Mauer zur Kirche aufgerichtet, die einen Zugang von beiden Seiten verhindert. Dennoch glaubt jeder zweite **Wessi Unkirch** an Gott.

4. Familie **Ossi Unkirch** lebt so weit von der Kirche entfernt, daß eine Mauer gar nicht mehr notwendig ist. Nur jeder vierte **Ossi Unkirch** glaubt noch an Gott.

5. Herr und Frau Wessi und Ossi **Unkirch** denken nicht im Traum daran, in die Kirche zurückzukehren.

6. Sie stört an der Kirche vor allem:
   - »Daß sie am wirklichen Leben des einzelnen vorbeigeht.«
   - »Daß sie nicht mehr zeitgemäß ist.«
   - »Daß sie zu starr und bürokratisch ist.«

Kapitel 2

Kirche für morgen – eine neue »Generation«

Neue Gemeinden braucht das Land

Immer wieder werde ich mit dem Einwand konfrontiert, die Sache mit dem »Zweiten Programm« sei überhaupt nicht notwendig. Auch die Behauptung, das Erste Programm sei eine »Zielgruppenveranstaltung«, treffe die Sache nicht. Das Erste Programm sei für alle da und erfülle seine Aufgabe bestens. In der Zeitschrift »praxis – Mitarbeiten in der Gemeinde«* erschien vor einiger Zeit ein Artikel von Klaus Eickhoff, der in Form eines fiktiven Interviews die Situation noch einmal sehr deutlich umschreibt:

Herr Dr. Dr. N. ist Oberlandeskirchenrat und als solcher in seinem Landeskirchenamt Dezernent für Gottesdienst, Liturgie und Kirchenmusik. Sein Sohn ist Theologiestudent im zwölften Semester. Seit einiger Zeit gibt es Spannungen zwischen den beiden. Aus der Sicht des Vaters rühren sie daher, daß der Sohn im Blick auf die Volkskirche, die der Vater liebt, schlicht undankbar ist. Aus der Sicht des Sohnes haben die Spannungen andere Ursachen: Sein Vater – so meint er – hat ein Phantasiebild von der Volkskirche, das auch nicht annähernd der gegenwärtigen Wirklichkeit entspricht.

Sohn: Vater, neue Gemeinden braucht das Land!

Vater: Unsinn, wir haben das Land durch unsere Parochien flächendeckend im Griff.

Sohn: Ach, und was sagen die 500.000 Kirchenaustritte im letzten Jahr?

Vater: Alles Kirchensteuerflüchtige, Gottlosigkeit und Geiz regieren ihre Herzen.

* AGGA, Postfach 1108, 89526 Giengen, Tel. 0 73 22 / 95 02 50, Fax 0 73 22 / 95 02 57

Sohn: Schieb den schwarzen Peter doch einmal nicht den anderen zu. Suche ihn doch mal bei uns. Wir haben in Deutschland eine regelrechte religiöse Welle, die jedoch an der Kirche vorbei und aus der Kirche heraus führt. Warum treibt ihr da oben nicht einmal selbstkritische Ursachenanalyse?

Vater: Und – was sind nach deiner Meinung die Ursachen?

Sohn: Die Hauptursache: Das Evangelium wird, wie Fachtheologen sagen, kaum noch gepredigt. Ein Heidelberger Theologe, der sich jahrelang mit der Analyse von Predigten beschäftigt hat, sagt wörtlich: »Das Ergebnis der Lektüre unzähliger Predigten: Das Evangelium wird in der heutigen Predigt in der Regel verschwiegen.« Eine andere Ursache: Unsere Gottesdienste stammen aus dem Mittelalter. Sie erreichen nur noch Menschen, die Antiquitäten lieben.

Vater: Ja, und?

Sohn: Vater, die allermeisten lieben so etwas nicht. Für sie ist das, was wir die »Mitte der Kirche« nennen, unser Gottesdienst also, das Stupideste und Langweiligste, was sie sich denken können. Du bist Dezernent für Liturgie und Kirchenmusik. Weißt du, daß für viele junge Menschen, die gar nicht so gottlos sein wollen, deine Liturgie ein wahres Brechmittel ist?

Vater: Unerhört!

Sohn: Nein, Vater, das mußt du hören!

Vater: Sollen wir denn alles abschaffen und die Leute mit Musik-Bands in die Kirche locken? Mit Rock und Dixieland – he?

Sohn: Zum Beispiel. Du kannst dir wohl nicht denken, daß wir neben unseren althergebrachten auch neue Gottesdienste brauchen, die das Empfinden moderner Menschen ernstnehmen und aufnehmen. Und du kannst dir wohl auch nicht denken, daß auf ein geistliches Lied im Dixieland-Stil eine ganz tolle Predigt folgen kann?

Vater: Junge, du machst mich wahnsinnig!

Sohn: Vater, ich will dich ja nicht kränken, aber irgendwie habe ich den Eindruck, du weißt nicht mehr, wozu die Kirche da ist.

Vater: Sie soll das Wort predigen! Das Wort! Das Wort!

Sohn: Wem, Vater?

Vater: Allen Menschen!

Sohn: Sie predigt es aber nur wenigen kirchlichen Insidern. Letzten Sonntag waren in unserer Großstadtgemeinde 24 Leute in der Kirche. Was heißt da allen Menschen?

Vater: Man kann sie nicht an den Haaren herbeizerren.

Sohn: Nein, aber man kann ihnen entgegenkommen mit Formen, die sie verstehen – ohne das Wort zu verwässern.

Vater: Also, was schlägst du vor?

Sohn: Unsere Kirchenleitung sollte einen jungen, missionarischen Theologen beauftragen, sich ein Team von Mitarbeitern zu suchen, um entweder ein Zweites Programm in unserer Gemeinde zu beginnen oder eine Tochtergemeinde in unserer Parochie zu pflanzen.

Vater: Wie soll diese Tochtergemeinde aussehen?

Sohn: Sie soll ein Ziel haben: Wir wollen eine Kirche sein – für die Entkirchlichten. Wir werden keine Orgelmusik haben, keinen Altar, keine Kerzen, kein Kreuz. Wir werden keine Lieder aus dem Mittelalter singen, der Prediger wird keinen Talar tragen. Eine gute Band spielt, was die Leute, an die wir denken, abholt. Eine Pantomime- oder Theatergruppe sorgt für gespannte Aufmerksamkeit und führt mit ihrer Darstellung hin zur folgenden Predigt.

Vater: So, und damit meinst du allen Ernstes, alle anderen in die Kirche zu kriegen?

Sohn: Nein, eben nur wieder solche, denen dieser Stil entspricht. Wir meinen bloß: Für eine vielfältige Gesellschaft brauchen wir eine Kirche, die es lernt, auf die verschiedensten Menschen einzugehen.

Vater: Junge, manchmal denke ich, irgendwo hast du mit deinen unmöglichen Ansichten recht. Aber das hieße doch, wir müßten total umdenken. Das kann doch nicht sein – oder etwa doch?

Menschen erreichen – sieben Schritte von Bill Hybels

Bill Hybels, leitender Pastor der Willow Creek-Gemeinde in Chicago, will Außenstehende erreichen. Zu diesem Zweck hat er die sogenannte **»Strategie der sieben Schritte«** entwickelt.

Sieben Schritte von Bill Hybels
1. Christen werden ermutigt und befähigt, freundschaftliche und vertrauensvolle Beziehungen zu Fernstehenden zu pflegen. 2. Christen werden befähigt, verständlich von ihrem Glauben zu reden. 3. Die Gemeinde bietet besondere »einladende« Veranstaltungen (Seeker-Service) an, in denen Fernstehende sich wohlfühlen können. 4. Wer durch persönliche Kontakte und einladende Gemeindeveranstaltungen Zugang zum Glauben gefunden hat, wird ermutigt, regelmäßig am Gemeindegottesdienst teilzunehmen. 5. Es wird angestrebt, daß jedes Gemeindeglied und auch die »Neuhinzugekommenen« Glied einer Kleingruppe wird, in der Gemeinschaft erfahren und »Nachfolge« eingeübt wird. 6. Jedes Gemeindeglied hat eine gottgegebene Gabe. Diese gilt es zu entdecken und zum Dienst anzuleiten. Jeder Christ soll eine seiner Gabe entsprechende Aufgabe finden. 7. Christen werden ermutigt »haushalterisch« mit ihren Finanzen umzugehen. Das »Mehr«, das Gott gibt, soll nicht für sich behalten, sondern weitergegeben werden.

Schritt 1: Eine freundschaftliche Beziehung zu kirchenfernen Menschen aufbauen

Viele haben sich an einen Lebensstil gewöhnt, bei dem christliche Elemente keine Rolle spielen. (Und meistens lebt man in unserer Gesellschaft gar nicht schlecht damit.) Diese Menschen wieder für den christlichen Glauben zu interessieren, gelingt oft nur über persönliche Kontakte. Also liegt es in der Verantwortung jedes einzelnen aktiven Gemeindegliedes, sich in seinem Umfeld umzusehen und entsprechende Kontakte zu pflegen – man muß ja nicht sofort in die Kirche einladen!

Schritt 2: Über den christlichen Glauben sprechen

Ist das Vertrauen zwischen Gemeindeglied und Interessierten erst einmal gewachsen, dann kommt auch der eigene Glaube zur Sprache. Ganz spontan allerdings gelingt ein Gespräch über dieses sensible Thema selten. Deshalb muß die Gemeinde hier trainieren, wie ein solches Gespräch für beide Seiten gewinnbringend geführt wird.

In den seltensten Fällen wird aber das persönliche Gespräch ausreichen. Wichtig ist nun eine Gemeindeveranstaltung, zu der man die Interessierten einladen kann, weil dort der christliche Glaube zeitgemäß vorgelebt wird. Diese Veranstaltung soll zu der Frage anregen, ob der christliche Glaube nicht für das eigene Leben attraktiv wäre.

Schritt 3: Zum Gottesdienst für »Interessierte« einladen

In Willow Creek finden solche Gottesdienste jedes Wochenende statt. Sie haben die äußere Form einer unterhaltsamen Veranstaltung. Von guter Musik, Theater und zeitgemäßer, einladender und alltagsbezogener Predigt nehmen garantiert alle etwas mit, die aus Neugier mitgekommen sind. So fällt auch das Einladen leicht: Die Gemeindeglieder wissen, daß sie sich nicht blamieren werden!

Wichtig: Wie beim säkularen Theater verlangt der hohe Qualitätsstandard eine exakte Planung und Vorbereitung. Alle Gottes-

»Richtiger verhält sich Hirte B, denn er wirkt nicht anstößig für die Schafe, die nicht zu seiner Herde gehören wollen.«

dienstelemente müssen inhaltlich aufeinander abgestimmt werden, und auch der Ort ist entscheidend: Die Hemmschwelle für Interessierte ist geringer, wenn nicht in das Kirchengebäude eingeladen wird.

Schritt 4: Vom Suchenden zum Gläubigen
Sonntag ist der typische Gottesdiensttag. Deshalb soll dort auch der Gottesdienst für Interessierte angeboten werden. Außerdem treffen sich die aktiven Gemeindeglieder zu ihrem Gottesdienst an einem anderen Tag der Woche. Hier liegt der Schwerpunkt auf Anbetung und vertiefender biblischer Schulung, und das Abendmahl wird gefeiert.

Schritt 5: Beteiligung an einer Kleingruppe
Wer regelmäßig die Gemeinde besucht, kann sich einer Kleingruppe anschließen. Hier wird eingeübt, wie praktisches geistliches Leben und christliches Handeln im Alltag aussehen können. Hilfe wird in speziellen Gruppen angeboten, z.B. bei Eheproblemen, Sucht oder Schulden.

Schritt 6: Ehrenamtliche Übernahme einer Aufgabe
In einem Kurs wird neuen Gemeindegliedern geholfen, ihre spezifischen Fähigkeiten zu entdecken. Denn in der Gemeinde zu bleiben, soll Freude machen. Dazu soll sich jeder an der Stelle einbringen können, die seinen Neigungen und Fähigkeiten am besten entspricht, und obendrein kann jeder an seinen eigenen Stärken und Schwächen lernen, wie Gott jeden Menschen begabt hat. Das motiviert – und zugleich hat die Gemeinde optimale Mitarbeiter an der richtigen Stelle.

Schritt 7: Finanzielles Engagement
Der Glaube muß sich im Alltag bewähren. Dazu gehört auch, mit Zeit und Geld als Gottes Geschenken verantwortungsbewußt umzugehen. Willow Creek packt diese Themen bewußt an.

»Ihre Idee, uns als Mitarbeiter einzusetzen – die hat so eingeschlagen, daß wir Sie ab jetzt gar nicht mehr brauchen!«

Wer diese sieben Stadien durchläuft, hat die Chance, viel zu erkennen. Er lernt sich selbst besser kennen, und vor allem werden Gottes Liebe und Zuwendung tragende Bestandteile des Alltags: Der christliche Glaube bestimmt zunehmend den Lebensstil. Wer seine Gemeinde attraktiv erlebt hat, ist seinerseits wieder bereit, Bekannte und Freunde einzuladen. Und dann . . . siehe Schritt 1.

Sieben Gründe für ein »Zweites Programm«

Grund Nr. 1: Weil wir mit dem herkömmlichen Sonntagvormittagsgottesdienst viele Menschen nicht erreichen, vor allem von der jüngeren Generation

Gewünscht werden eine fröhlichere, aufgelockerte Atmosphäre – der Gottesdienst soll ein Fest sein –, eine größere Beteiligung von Gemeindegliedern, echte Anteilnahme am andern und prägnante, lebensnahe Predigten, die einem etwas für den Alltag mitgeben, sowie schwungvollere, neuere Lieder »mit Pep«.

»Komisch. Im Winter finden viel mehr Leute den Weg in meine Kirche.«

Grund Nr. 2: Weil gesellschaftliche Veränderungen auch die Kirche vor neue Herausforderungen stellen

Noch immer feiern wir Gottesdienste, die dem uneingeweihten Besucher wie ein Relikt aus dem 16. Jahrhundert erscheinen. Ein kleiner Einblick in christliche Gottesdienste anderer Völker, Nationalitäten und Kirchen aber genügt, um festzustellen, wie relativ unser Vertändnis des Gottesdienstes ist, zumindest was die Liturgie angeht.

- Seit der ersten massiven Kirchenaustrittswelle Anfang der 70er Jahre ist es nicht mehr so, daß »es sich einfach gehört«, daß man den Gottesdienst besucht. Und wenn die Eltern selbst kaum am Gottesdienst teilnehmen, ist es z.B. auch schwierig, Konfirmandinnen und Konfirmanden vom Gottesdienst zu überzeugen.
- Der Gottesdienst konkurriert mit einer Vielzahl von Angeboten, die nicht selten zeitgleich zum Gottesdienst stattfinden. Zu den Freizeitgestaltungsmöglichkeiten kommt auch eine Vielfalt religiöser Angebote.

- Zum sozialen Wandel gehört auch ein Autoritätsverlust traditioneller Institutionen und damit der Kirche.
- Die Gottesdienstzeit am Sonntagvormittag läßt sich mit den heutigen Freizeitgewohnheiten meist schlecht vereinbaren. Viele Jugendliche nutzen den Sonntagvormittag zum Ausschlafen oder sind in Sportvereinen aktiv, und für die meisten Familien ist der Sonntag der einzige Tag, den man ohne Hektik beginnen kann, z.B. mit einem ausgiebigen gemeinsamen Frühstück.

Grund Nr. 3: Weil dadurch die gegenwärtige volkskirchliche Situation ernst genommen wird

Wenn wir unsere volkskirchliche Situation ernst nehmen, können wir uns nicht damit abfinden, daß Menschen nur noch an bestimmten Schwellen des Lebens zum Gottesdienst kommen – Taufe – Konfirmation – Trauung – Beerdigung. Der Gott, der sich in Jesus Christus zeigt, ist ein Gott, der eine persönliche Beziehung zu jedem einzelnen Menschen haben will und dem es nicht genügt, wenn man ihm nur gelegentlich einen Besuch abstattet.

»Es werden zwar immer mehr Schafe pro Hirte – aber dafür wollen immer weniger bei Ihnen bleiben!«

Grund Nr. 4: Weil wir familienfreundlichere Gottesdienste brauchen

Für Eltern mit Säuglingen und Kleinkindern ist es meist schwierig, am Gottesdienst teilzunehmen, und einen Raum mit Videoübertragung haben unsere Kirchen meist nicht. Gemeindehäuser bieten hier oft bessere Möglichkeiten.

Grund Nr. 5: Weil durch einen solchen Gottesdienst viele mit ihren Gaben beteiligt werden können

Befragte Jugendliche haben an den herkömmlichen Gottesdiensten auch kritisiert, daß sie eine »Ein-Mann-Show« seien. Martin Luther und die Reformation haben »das Priestertum aller Gläubigen« betont, doch das wird kaum in die Tat umgesetzt. Die Gestaltung eines alternativen Gottesdienstes könnte dazu beitragen, von der Pfarrerzentrierung wegzukommen.

Grund Nr. 6: Weil ein Gottesdienst durch keine andere Veranstaltung ersetzt werden kann

Der Gottesdienst hat eine zentrale Bedeutung für die Gemeinde. Erst durch das Zusammenkommen der Gemeindeglieder entsteht überhaupt Gemeinde. Der Gottesdienst der christlichen Gemeinde kann sich freilich in vielerlei Gestalt ereignen, wobei immer wieder die Einheit in der Vielfalt sichtbar werden sollte.

Grund Nr. 7: Weil auch der normale Sonntagvormittagsgottesdienst seine Berechtigung hat

Eine Mischung von traditionellem Gottesdienst und einem Gottesdienst, der versucht, auch die jüngere Generation und entkirchlichte Menschen anzusprechen, würde letztlich dazu führen, daß alle unbefriedigt sind. Das beginnt bereits mit der Musik – so haben z.B. Jugendliche nur in Ausnahmefällen etwas für Orgelmusik und traditionelle Kirchenlieder übrig. Dagegen ist gerade die traditionelle Liturgie den regelmäßigen Gottesdienstbesuchern ans Herz gewachsen. Wer versucht, alle zu erreichen, wird letztlich kaum mehr als die ca. 5 % (EKD-Durchschnitt) erreichen, die bisher zum Gottesdienst kommen.

Erstes und Zweites Programm – Konkurrenz oder Ergänzung?

Wo immer es um Zweitgottesdienste, Zweites Programm usw. geht, zucken Menschen zusammen. Sie denken, das Ziel sei die Abschaffung des traditionellen Hauptgottesdienstes am Sonntagmorgen. Darum geht es mit Sicherheit nicht. Diese Gottesdienstform hat ihre Geschichte und wurde zum Segen für viele Menschen in unserem Land – aber nicht für alle! Im vorhergehenden Kapitel wurde diese Problematik ausführlich dargestellt.

Wenn es nun Menschen in einer Gemeinde gibt, die sich mit großer Motivation für einen alternativen Gottesdienst neben (!) dem Hauptgottesdienst einsetzen, dann werden sie sehr schnell in die Sekten-Ecke gedrängt. Dabei können sich solche Gottesdienste als eine hervorragende missionarische Chance erweisen.

Kritiker mahnen auch an, daß damit die Einheit der Gemeinde in Frage gestellt werde. Worin aber liegt die Einheit einer Gemeinde? Das für uns verbindliche Augsburger Bekenntnis (CA VII) stellt fest, daß es genügt, »zu wahrer Einigkeit der christlichen Kirchen, daß da eintrachtiglich nach wahrem Verstand das Evangelium gepredigt und die Sakramente dem göttlichen Wort gemäß gereicht werden. Nicht nötig jedoch ist zur wahren Einigkeit der christlichen Kirche, daß allenthalben gleichförmige Zeremonien, von den Menschen eingesetzt, gehalten werden.«

Daß die Einheit in der Vielfalt möglich ist, läßt sich am Beispiel der anglikanischen Kirche zeigen, der es gelingt, unterschiedlich geprägte Gottesdienste (charismatisch, traditionell, meditativ usw.) unter einem Gemeindedach zuzulassen.

Deshalb: Wenn im Zweiten Programm das Evangelium »recht gepredigt« wird, dann sind diese Gottesdienste tatsächlich eine große Chance, interessierte Menschen in unsere Gemeinden einzuladen. Wir brauchen eine Fülle von neuen Formen, um den Menschen unserer Zeit neue Zugänge zum Glauben zu schaffen.

»...aber trotzdem bestehe ich auf einem gemeindeeigenen Hallenbad!«

Neuer Wein in neue Schläuche!

Es ist sehr schwierig, neuen Wein in alte Schläuche zu füllen. Jesus nennt die traditionellen Strukturen die »alten Weinschläuche«. Er macht in Lukas 5,36-39 auch deutlich, daß diese alten Strukturen an sich nicht falsch sind. Diejenigen unter uns, die in solchen Strukturen groß geworden sind, empfinden sie als hilfreich und fühlen sich zu Hause.

Ich glaube, wir müssen alle gemeinsam lernen, die alten Weinschläuche zu respektieren und auch den alten Wein, der sich darin findet. Für einige ist dieser Wein auch der bessere (Lukas 5,39).

Wer jedoch auch heute noch meint, daß nur alter Wein richtiger Wein ist, der muß sich mit dem Gedanken anfreunden, daß schon seit Jahrhunderten, aber ganz besonders in unserem Jahrzehnt, die Zeit für neue Weinschläuche gekommen ist. Am vorteilhaftesten ist eine Haltung des gegenseitigen Segnens. Kirchen, die mit neuen Weinschläuchen, sprich neuen Gemeinden, freundlich, nachbarschaftlich und segnend umgehen, werden auch unweigerlich selbst gesegnet werden. Die Kraft des Neuen wird sich auch positiv auf das Bestehende auswirken, wenn bei beiden Seiten Offenheit füreinander besteht.

Das Neue muß ja nicht überfallartig einsetzen. Es soll nichts übers Knie gebrochen werden. Trotzdem ist es im Sinne einer guten Entwicklung zielbewußt anzustreben. Ein kleines Team wird sich Gedanken machen müssen, wie die nächsten Schritte aussehen.

Die Qualität der alten Schläuche – oder: Wie lebendig ist das Erste Programm?

Eine Gemeinde, die sich in herkömmlicher Form am Sonntagvormittag trifft (Erstes Programm), ist weder automatisch tot noch automatisch lebendig. Es gibt eine Vielzahl von Möglichkeiten. Die

Entwicklungsstufen im Ersten Programm

Gemeinde dreht sich um sich selbst	Informationsbereitschaft	Status Quo wird hinterfragt	Veränderung wird akzeptiert	Ziele werden nur noch akzeptiert, wenn sie auch Wachstum bewirken	Siege und Niederlagen wechseln sich ab	Erneuerung
Aktivitäten sind nach innen gerichtet. Alles dreht sich um die eigenen Interessen. Egoismus statt sich mitteilen zu wollen.	Die Gemeinde zeigt eine gewisse Bereitschaft, sich über Gemeindewachstum und Methoden der Evangelisation zu informieren.	Konservatives Denken und Tradition werden nicht mehr einfach hingenommen.	Einzelne Gemeindeglieder werden in Sachen Gemeindeaufbau aktiv. Wer Veränderungen in der Gemeinde will, wird nicht mehr zurückgepfiffen.	Neue Aktionen und Dienste werden gestartet, um Interessierte zu erreichen.	Es gibt Siege und Niederlagen. Der Motivation, das Umfeld mit dem Evangelium zu erreichen, tut dies jedoch keinen Abbruch. Aufwand und Ertrag stehen noch nicht im richtigen Verhältnis, aber der Wille, Dinge zu verändern, ist stark.	Wachstumsprinzipien werden in allen Gemeindebereichen eingesetzt. Gemeinde wächst und gedeiht.

nebenstehende Tabelle soll zeigen, wie unterschiedlich ein Erstes Programm sein kann. Vor allem kann man an einer solchen Tabelle sehr schön die eigene Position bestimmen. Man kann daran auch gut ablesen, welches der nächste Schritt sein kann.

Wenn Sie wirklich ein Zweites Programm starten wollen, Ihre Gemeinde aber ganz links in der Tabelle steht, dann wird Ihnen nichts anderes übrigbleiben, als sich von dieser Gemeinde zu trennen. Diese Trennung wird Frust und Reibungsverluste vermindern. Zustimmung können Sie jedenfalls nicht erwarten.

Ist das Erste Programm eher in der Tabellenmitte angesiedelt, dann können Sie mit einer wohlwollenden Beurteilung Ihrer neuen Aktivitäten rechnen. Man wird Sie nicht nur segnen und senden, sondern möglicherweise auch eine Anschubfinanzierung mitgeben.

Wenn sich das Erste Programm ganz rechts in der Tabelle befindet, dann ist der Start eines Zweiten Programms eigentlich überflüssig. Diese Gemeinde ist hellwach, hat ihre Zielgruppen klar erkannt und tut heute schon alles, um verschiedenste Menschen mit dem Evangelium zu erreichen.

Kapitel 3

Wie entsteht ein Zweites Programm?

Es gibt gewisse »Meilensteine« für das Wachstum christlicher Gruppen innerhalb der Landeskirche. Wenn man sich einmal fragt, wie dies im Zweiten Programm aussieht, das ja auf Jüngerschaft und Multiplikation ausgerichtet ist, dann macht man ganz interessante Entdeckungen. Walter Wieland, der Erfinder des »Zweiten Programms« (Emmental, Schweiz) hat sich mit dieser Frage beschäftigt.

Nach dem Vorbild der »Engel-Skala«* versucht er, markante Entwicklungsstufen der geistlichen und institutionellen Entwicklung einer missionarischen Gemeindearbeit in einer Kirchengemeinde darzustellen. Dabei dürfen die einzelnen Stufen nicht als Gradmesser für die geistliche Qualität oder Lebendigkeit des Gemeindelebens mißverstanden werden. Die Entwicklungsstufen geben vielmehr Hinweise für die Planung einer auf Wachstum und Vervielfältigung ausgerichteten Arbeit innerhalb der Landeskirche. Auffallend sind in diesem Zusammenhang drei Beobachtungen:

1. Alles beginnt mit der geistlichen Erneuerung einzelner (Skala: -3)

Dabei kann es sich um den Pfarrer, ein Mitglied des Kirchengemeinderates oder eines anderen aktiven Mitglieds der Kirchengemeinde handeln. Diese Neuausrichtung auf Jesus Christus wird immer wieder nötig sein und im Zentrum stehen müssen, damit der geistliche Wachstumsprozeß weitergehen kann.

* Prof. James Engel entwickelte eine Skala, die den geistlichen Entwicklungsprozeß eines Jüngers von Jesus aufzeigt. Vgl. Christian A. Schwarz, Grundkurs Evangelisation, C & P Verlags GmbH 1993, S. 32ff.

Entwicklung eines zweiten Programms

NEUE LEBENSBASIS IN JESUS CHRISTUS

- **+5** Vervielfältigung der Aufbauarbeit
- **+4** Umfassendes Angebot als Zweites kirchliches Programm
- **+3** Anstellung und Finanzierung von Mitarbeitern für missionarischen Gemeindeaufbau
- **+2** Aufbau eines gemeindebezogenen Schulungsangebotes für Mitarbeiter
- **+1** Entwickeln einer eigenen Gemeindephilosophie
- **0** Gründung eines verantwortlichen Mitarbeiterkreises für miss. Gemeindeaufbau
- **-1** Einrichtung eines alternativen Lobgottesdienstes
- **-2** Förderung von Hauskreisen und Anbetung
- **-3** Persönliche geistliche Erneuerung
- **-4** Amtshandlungen / traditionelles Veranstaltungsangebot der Kirchgemeinde

2. Die Gründung eines verantwortlichen Mitarbeiterkreises für den missionarischen Gemeindeaufbau markiert eine Schmerzgrenze (Skala: 0)

In praktisch allen Kirchengemeinden gibt es heute Hauskreise und neue Formen von Anbetung. In vielen Kirchengemeinden werden regelmäßig Lobgottesdienste durchgeführt. Damit die Arbeit wachsen und sich vervielfältigen kann, ist aber ein Kreis von Mitarbeitern nötig, die dafür offiziell Verantwortung übernehmen. Denn Gemeinde wird nicht auf Prinzipien, Glaubensbekenntnissen oder Traditionen aufgebaut, sondern auf Menschen (Matthäus 16,18; Matthäus 5,13-16; Epheser 2,19-22; 1. Petrus 2). Die Gründung eines solchen Leitungskreises sollte behutsam und in Absprache mit den Verantwortlichen der Kirchengemeinde erfolgen.

3. Alles Weitere wächst aus diesem Jünger- und Mitarbeiterkreis heraus (Skala: +1)

Hier wird gemeinsames christliches Leben in Form von Feiern, Hören, Bitten, Teilen usw. eingeübt. Von hier aus baut der Heilige Geist durch die verschiedenen Gaben und Berufungen die Gemeinde auf, und die nächsten Schritte der Arbeit werden getan.

Der Weg bis zu einer Vervielfältigung der Arbeit in Form von neuen Gruppen (Tochtergemeinden) ist weit und mit Hindernissen belegt. Aber der geistliche Aufbruch innerhalb der Landeskirche ist für die evangelistische Durchdringung eine große Chance.

Von der Idee zur rauhen Wirklichkeit

Was in dem schönen Modell so einfach aussieht, gestaltet sich in der landeskirchlichen Praxis meist etwas anders. Bei +1 wird es schon reichlich kompliziert. Bei +2 und +3 reißt dann der Faden in der Regel vollends ab. Qualitatives und quantitatives Wachstum scheinen blockiert. Offensichtlich wirkt sich der landeskirchliche strukturelle Rahmen hinderlich auf Wachstum und Multiplikation aus.

Der Weg, der in der anglikanischen Kirche seit Jahren erfolgreich gegangen wird, ist bei uns offensichtlich so noch nicht möglich. Die bisher in der Landeskirche gemachten Erfahrungen kann man an den folgenden vier Phasen festmachen.

Phase 1: Das neue Leben drängt an die Öffentlichkeit

Innerhalb einer pluralistischen Kirche gibt es so lange keine Probleme, wie eine Gruppe, die eine Vertiefung des geistlichen Lebens anstrebt, bewußt darauf verzichtet, dem »neuen Leben« auch in »neuen Strukturen« sichtbare Gestalt zu geben. In dem Moment jedoch, wo die Gruppe anfängt, in Form eines Zweiten Programms an die Öffentlichkeit zu gehen – z.B. indem ein alternativer Gottesdienst veranstaltet wird –, beginnen Konflikte: Zwischen dem Ersten und Zweiten Programm kommt es zu Spannungen.

Phase 2: Die Spannungen vergrößern sich

Die Konflikte verstärken sich in dem Maße, wie das Zweite Programm zunehmend mehr Menschen anzieht. Besonders problematisch wird es in dem Moment, wo die neue Arbeit über die bereits etablierte hinauswächst. Ängste machen sich breit, und öffentliche Auseinandersetzungen beginnen. Wenn der Pfarrer oder die Pfarrerin wenig konfliktfähig ist, ist das Stehenbleiben der neuen Arbeit auf einer relativ niedrigen Stufe vorprogrammiert. Man entwickelt Theologien, die diesen Zustand rechtfertigen, und akzeptiert, daß viel Energie, die eigentlich dem Aufbau des Reiches Gottes gehört, in Reibungsverlusten mit dem Ersten Programm verlorengeht. Dies ist die Situation, in der viele sogenannte »missionarische Arbeiten« in der Landeskirche heute stehen.

Phase 3: Der Pfarrer bekennt Farbe

An dieser Stelle muß eine klare Entscheidung gefällt werden: Ist der Pfarrer bzw. die Pfarrerin bereit, sich rückhaltlos für die »neue

Bewegung« einzusetzen? Wenn er sich dafür entscheiden sollte, mit der neuen Arbeit in die Offensive zu gehen, ist der Weg für den weiteren Prozeß frei, und die Frage nach neuen Strukturen für die junge Bewegung wird akut.

Langfristig kann es nicht genügen, einen Kreis von »Frommen« in einem Abendgottesdienst oder Gebetskreis als eine Art »kirchliche Subkultur« zu sammeln – jedenfalls sollte dieser Ansatz nicht mit Gemeindeaufbau verwechselt werden. Die neue Gruppe wird sich fragen: Ist es im Blick auf die Menschen, die wir gewinnen wollen, effektiver, unsere neuen Formen innerhalb oder außerhalb des landeskirchlichen Rahmens zu entwickeln?

Phase 4: Eine neue Gemeinde entsteht

Entscheidet man sich für eine neue Gemeindeform innerhalb der Landeskirche, dann wird der Pfarrer darauf hinarbeiten, daß die ihm vorgesetzte Stelle (Oberkirchenrat, Dekan usw.) »grünes Licht« für das Unterfangen gibt. Er wird seine Arbeitskraft zunehmend auf die neue Gemeinde konzentrieren: Eine finanziell und organisatorisch weitgehend eigenständige Gruppe, die aber bewußt im landeskirchlichen Rahmen arbeitet und die von vornherein das Ziel hat, das zu tun, was eine traditionelle Pfarrgemeinde gar nicht tun kann: sich weiter zu multiplizieren!

Warum landeskirchlich und nicht freikirchlich?

Ein Einbrecher in den USA stand vor Gericht. Der Richter fragte ihn: »Sagen Sie einmal, warum brechen Sie immer in Banken ein? Immer nur Banken? Warum nie woanders?« Seine lapidare Antwort: »Weil dort das Geld ist.«

Ähnlich könnte man auch auf die Frage: »Warum Gemeindegründung **in der Landeskirche**?« antworten: Weil dort die Menschen sind. Und nicht nur die Menschen gibt es, sondern auch hervorragende Räumlichkeiten. Mancher Verfechter des Ersten Programms ist dann schnell dabei, das Zweite Programm als »Schmarotzer« hinzustellen: »Die wollen nur die Menschen und die Räume, also die Rosinen. An den sonstigen Aufgaben, wie z.B. Religionsunterricht, Konfirmandenunterricht, Beerdigungen, daran haben die kein Interesse.«

Aus der Position des Zweiten Programms sieht es natürlich etwas anders aus. Dort, wo das Zweite Programm ordentlich gemacht wird, fassen Menschen wieder Zutrauen zur Kirche. Manche treten auch wieder in die Kirche ein und bringen so auch Kirchensteuern mit. Wenn man davon ausgeht, daß das Zweite Programm in der Regel vom Ersten Programm nicht bezuschußt wird, dann kann man durchaus sagen, daß beide Seiten großen Nutzen daraus ziehen.

Die Gemeindeaufbauforschung zeigt: Bei einer freikirchlichen Gemeindegründung sind beim Eröffnungsgottesdienst ca. 30 Menschen da. Wenn dann ein Jahr lang gute Arbeit geleistet wurde, sind es 50 Personen.

Ganz anders in der Landeskirche: Beim ersten Gottesdienst können Sie an einem größeren Ort mit 120 Personen rechnen. Vorausgesetzt, es wurde ordentlich plakatiert und auch die Presse hat darüber berichtet. Wenn Sie jetzt gute Arbeit machen, werden es nach einem Jahr ohne weiteres 200 Besucher sein. Das Verhältnis Freikirche – Landeskirche ist also wie 1:4. Richtig ist, daß in der Großstadt diese Unterschiede nicht so stark zu Buche schlagen. Trotzdem gilt auch hier: Die Landeskirche hat noch einen überraschend großen Vertrauensvorschuß. Die Presse wird in aller Regel sehr positiv alle Ereignisse kommentieren.

Die Zielgruppe – Wen wollen wir erreichen?

Im Zweiten Programm ist es wichtig, die jeweilige Zielgruppe zu beschreiben. Schließlich muß alles, was erarbeitet wird, auch für diese Zielgruppe passen. Um sie zu bestimmen, gibt es zwei Möglichkeiten:

Zielgruppenanalyse

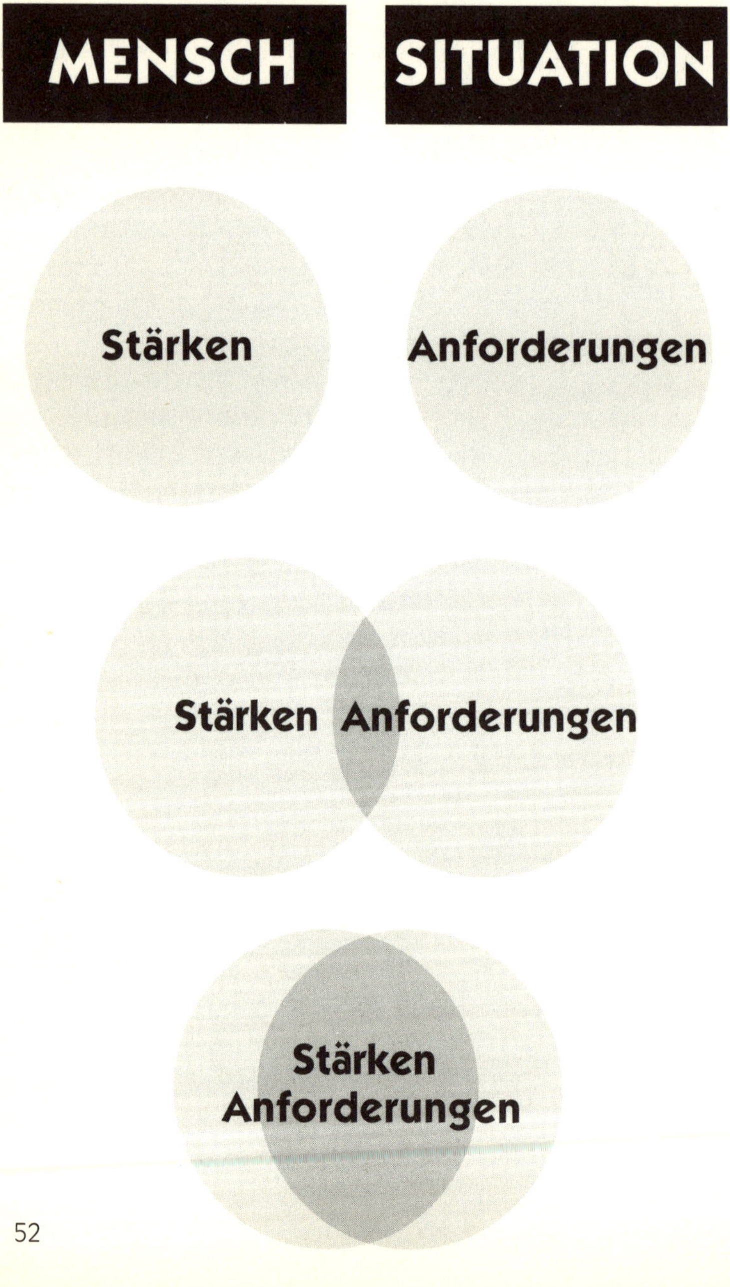

1. Direkter Weg:
Wir nutzen unsere Beziehungen und persönlichen Kontakte. Wir fragen: Wo schlägt unser Herz? Wie können wir unsere Stärken mit der Gemeindesituation zusammenbringen? Das Beispiel OASE am Ende dieses Kapitels veranschaulicht diesen Weg.

2. Indirekter Weg:
Diese Möglichkeit basiert auf einer professionell durchgeführten Studie der Bevölkerungssituation. Solche Studien liegen oft bereits bei der örtlichen Stadtverwaltung vor. Wir möchten z.B. etwas in einem Neubaugebiet bewegen. Dazu wird aber zuerst einmal geklärt werden müssen, wer dort überhaupt einziehen wird. Am besten wäre eine soziologische Erhebung. Dies soll am Beispiel eines Neubaugebietes gezeigt werden.

Überall entstehen solche Neubaugebiete. In der Regel ist die Kirche jedoch nicht in der Lage, entsprechende neue Planstellen zu schaffen. Jetzt gilt es, erfinderisch zu werden. Bevor jedoch Mitarbeiter für die neue Aufgabe begeistert werden oder gar eine Wohnung angemietet wird, muß klar sein, was man überhaupt will. Dafür bedarf es einer Zielgruppenanalyse. Eine solche Analyse dauert mindestens ein halbes Jahr, wenn sie wirklich aussagekräftig sein soll.

»Nachdem die Pazifisten endlich den Raum verlassen haben...«

Die Merkmale - Was müssen wir wissen?

Näher betrachtet werden alle Lebensbereiche unserer Zielgruppe. Wissen Sie z.B., wieviel Prozent Ihrer Zielgruppe bayerische Volksmusik hören? Ca. 83 % der über 40jährigen des unteren und mittleren Bildungsniveaus in Bayern, jedoch nur 21 % der mittleren und gehobenen Bildungsschicht unter 40 Jahren. Wen wollen Sie erreichen? Vielleicht müßte in Ihrem Zweiten Programm gejodelt werden! Oder ist das nicht Ihre Vorstellung von Gemeinde?

Gewiß, »der Köder muß dem Fisch schmecken, nicht dem Angler«. Aber in der landeskirchlichen Realität wird es darum gehen, den gesunden Mittelweg aus Begabungen des Zweiten Programms einerseits und den Bedürfnissen der Besucher andererseits zu finden. Deswegen ist die soziologische Erhebung alle Mühe wert.

Neben der kulturellen Prägung geht es um Alter, Berufe, soziale Schichten, Familienstand, Finanzen und - nicht zu unterschätzen - die Eigentumsfrage: Wo Immobilieneigentum vorherrscht, wechseln die Bewohner seltener als z.B. in einem Neubauviertel mit zahlreichen Mietwohnungen, für die man eventuell einen Wohnberechtigungsschein benötigt.

Die Informationen - Was wollen wir tun?

Eine Erhebung durchzuführen, ist zwar aufwendig, aber nicht weiter schwierig.

1. Einschlägige Informationen besorgen

Versuchen Sie es mit einem freundlichen Brief z.B. an Ihren Stadtrat oder Bürgermeister (am Ende dieses Kapitels finden Sie ein Muster). Geben Sie nicht auf, falls Sie von einer Adresse keine Auskünf-

te erhalten. Sie können ein solches Schreiben an verschiedene Institutionen richten.

Vom Bürgermeister könnten Sie aktuelle Daten über Ihr Stadtviertel oder Ihren Ort erfahren, z.B. Altersgruppen, soziale und berufliche Struktur, Förderung von Bauvorhaben usw. Auch Prognosen über die weitere Entwicklung der Bevölkerung in Ihrem Einzugsbereich erhalten Sie dort eventuell.

Vielleicht informiert Ihre regionale- bzw. Landeskirchenleitung Sie über alle Daten der Pfarrbezirke im Umfeld des Neubaugebietes, über Kirchensteueraufkommen, spezielle Angebote der Sonderpfarrämter und geplante kirchliche Aktivitäten im Neubaugebiet.

Es kann auch nicht schaden, etwas über die geschichtliche Entwicklung des Ortes zu wissen. Besondere Ereignisse z.B. in den Weltkriegen prägen bisweilen Orte und Bevölkerungsschichten bis heute.

2. Eigene Erhebungen durchführen

Sie können eine Befragung an der Haustür durchführen. Sagen Sie, daß Sie von der evangelischen Kirchengemeinde kommen. Eventuell verbinden Sie diese Aktion gleich mit einer Werbung für eine erste Veranstaltung im Neubaugebiet. Warum nicht ein kleines Geschenk überreichen? Wenn Sie etwas abgeben, haben Sie den Vorteil, daß Ihr Logo bereits bekannt wird. Der Wiedererkennungswert ist wichtig.

Vielleicht haben Sie auch Kontakt zu einem Soziologiestudenten, der nach einem Thema für seine Diplomarbeit sucht. Hier kommt man preiswert an sehr fundierte Ergebnisse.

Schalten Sie im Vorfeld die Presse ein. Die lokale Zeitung wird gerne in ihrem Regionalteil berichten.

Am Ende dieses Kapitels finden Sie einen Fragebogen für eine Haustürbefragung sowie einen Auswertungsbogen.*

3. Laufende Veranstaltungen prüfen

Im zweiten Teil dieses Buches finden Sie ab Seite 36 weitere Fragebögen, mit denen Sie in Form einer Gottesdienstumfrage Ihren

* Aus: Robert Logan/Jeff Rast, Das Gemeindegründungs-Arbeitsbuch, Johannes Institut, Wiesbaden, S. 5-11

bisherigen »Erfolg« messen können. Man kann diese Fragebögen z.B. vor Gottesdienstbeginn auf den Stühlen auslegen. Auf jeden Fall sollten Sie Stifte bereithalten, da nicht jeder Besucher etwas zum Schreiben dabei hat. Sie sollten außerdem eine bestimmte Zeit einplanen, in der ein Fragebogen dann ausgefüllt werden kann.

Möglicherweise können Sie den gleichen Fragebogen einige Monate später noch einmal einsetzen. Durch einen Vergleich beider Resultate können Sie nun feststellen, ob Sie Ihre Zielgruppe besser erreichen als vorher.

4. Ergebnisse auswerten

Um den Mitarbeitern die gewonnenen Erkenntnisse zu vermitteln, eignet sich am besten ein Studientag. Hier ist ein Vorschlag, wie ein solcher Tag gestaltet sein könnte:

9.00 Treffen im Gemeindehaus

9.15 Beginn mit einer Auslegung z.B. von Mt 9,35ff; Anbetungszeit im Stil der Zielgruppe

10.00 Grundsatzreferat: Vorstellung der Ergebnisse durch die Mitarbeiter der Erhebung. Dabei auch Erfahrungsberichte von Mitarbeitern, die z.B. Hausbesuche durchgeführt haben.

10.30 Pause

10.45 Rückfragen zum Vortrag

11.00 Gruppenarbeit: Rollenspiel zum evangelistischen Gespräch mit einem Mitglied unserer Zielgruppe. Rollentausch zwischen den Partnern ist wichtig – jeder spielt einmal den engagierten Christen und einmal den Interessierten. Anschließend Gruppengespräch über die Erfahrungen bei diesem Rollenspiel.

11.45 Pause – gemeinsames Mittagessen in Gruppen in typischen Restaurants unserer Zielgruppe (evtl. reservieren)

14.00 Kaffee

14.30 Geführte Erkundungsspaziergänge: Wohn- und Arbeitsviertel unserer Zielgruppe

17.00 Erfahrungsaustausch im Gemeindehaus

18.00 dort Abendessen (Pizza-Service)

20.00 Besuch einer für die Zielgruppe typischen Abendveranstaltung (evtl. Eintrittskarten besorgen)

Zweites Programm der Kirchengemeinde X

Fragebogen

1. Sind Sie aktives Mitglied einer Gemeinde? ○ ja ○ nein

Gehen Sie regelmäßig zur Kirche? ○ ja ○ nein

2. Was, denken Sie, ist das größte Bedürfnis/das größte Problem der Menschen in diesem Gebiet?

____

____

3. Was, glauben Sie, sind die Gründe, warum die meisten Menschen nicht in die Kirche gehen? ____________________

____

____

4. Wenn Sie einen Gottesdienst besuchen wollten, wie müßte er Ihrer Meinung nach aussehen? (z.B. in Bezug auf die Musik, die Predigt usw.) ______________________________

____

____

5. Welchen Ratschlag würden Sie uns geben? Was könnten wir als Kirche für Sie tun? ____________________________

____

____

6. Für die Auswertung dieser anonymen Statistik einige persönliche Angaben:

Alter: __________ Geschlecht: __________ Familienstand: ________

7. Schulabschluß bzw. Bildungsabschluß:

○ Hauptschule ○ Realschule ○ Gymnasium
○ Fachhochschule ○ Universitätsstudium

8. Beruf: ○ Arbeiter ○ Angestellter ○ Beamter ○ freiberuflich

X-GEMEINDE, STRASSE, PLZ / Yuppietown

Yuppietown, DATUM

Dem
Bürgermeister
der Stadt Yuppietown
Alternativstr. 12
PLZ Yuppietown

Datenerhebung für unsere Gemeindearbeit

Sehr geehrter Herr Bürgermeister,
als Gruppe in der Ev.-Luth. Landeskirche wollen wir im Neubaugebiet X aktiv werden.

Zur exakten Planung unserer Aktivitäten bitten wir Sie, uns folgendes Material zugänglich zu machen:

1. Wie groß ist das Neubaugebiet?
2. Wie viele Wohneinheiten werden hier erstellt?
3. Wie wird sich die Altersstruktur der Bevölkerung entwickeln?
4. Wie hoch ist der Ausländeranteil? Wo konzentrieren sie sich?
5. Wächst das Neubaugebiet noch? Wird weiteres Land erschlossen?
6. Wie hoch wird der Anteil öffentlich geförderten Wohnraums sein?
7. Können Häuser, Räumlichkeiten usw. gemietet werden? Mietspiegel?
8. Welche Studien gibt es von kommunaler Seite? Sind diese zugänglich?

Bitte senden Sie uns doch entsprechende Statistiken zu. Auch für ein Gespräch mit Ihnen oder Ihrem zuständigen Mitarbeiter wären wir dankbar.
Für all Ihre Bemühungen im voraus herzlichen Dank!

Mit freundlichen Grüßen
Ihre X-GEMEINDE, Holger Statistikus, Statistikteam

Was wollen wir unternehmen?

Liebe Mitarbeiterin, lieber Mitarbeiter!

Das Ergebnis unserer Umfragen ist endlich da! Unten könnt Ihr die wichtigsten Fragen und Antworten nachlesen.

Bitte werft diesen Zettel nicht einfach weg. Denkt doch bis zur nächsten Sitzung einmal darüber nach, was wir für unsere Zielgruppe tun wollen!

1. Wie groß ist die von uns anvisierte Zielgruppe? ______________________

____

____

2. Passen sozialer Status von Gemeindegründungsteam und Zielgruppe zusammen? ______________________________

____

____

3. Welche Gemeinden und religiösen Gruppen gibt es schon? (Name, Anzahl Gottesdienstbesucher, Kontaktperson) ____________

____

____

4. Von wie vielen Menschen wird der bereits angebotene Sonntagsgottesdienst der Nachbargemeinde besucht? ____________

____

____

5. Welchen Frömmigkeitsstil decken die starken Gemeinden der umliegenden Stadtteile ab? ______________________________

____

____

Kapitel 4

Merkmale eines Zweiten Programms

Beim Ersten Programm steht die Versorgung des Pfarrbezirks im Vordergrund. Das Erste Programm hat ein bekanntes Grundmuster: Sonntäglicher Vormittagsgottesdienst (meist in liturgischer Ausprägung), Taufe, Religionsunterricht, Beerdigung usw.

»Das ist nur zu schaffen dank unserer auf das Individuum abgestimmten Theologenausbildung.«

Das neu entstehende Zweite Programm hat andere Ausprägungen, die hier kurz aufgelistet werden:

Der Pfarrer steht nicht im Mittelpunkt

Der wichtigste Unterschied zum Ersten Programm ist wohl der folgende: Während das Erste Programm typischerweise pfarrerzentriert ist, ist im Zweiten Programm der Pfarrer/die Pfarrerin nicht die treibende Kraft. Das soll nicht heißen, daß Pfarrer nicht mitarbeiten dürfen; natürlich sind sie sehr willkommen. Das Problem ist: Wenn der Pfarrer die bestimmende Person ist, kann das Ganze zu einem »neuen Angebot für alte Christen« werden. Gerade dieses Angebot darf jedoch nicht traditionell und verstaubt wirken. Um es noch einmal zu betonen: Hauptamtliche sind willkommen, aber sie nehmen einen anderen Platz ein.

Das OASE-Leitungsteam besteht aus sieben Personen. Eine Person davon ist einer der drei örtlichen Gemeindepfarrer, der das Zweite Programm voll unterstützt und fördert. Wir haben ihn dazugebeten, um die Verbindung zum Ersten Programm zu gewährleisten. Allerdings würde das Zweite Programm auch dann laufen, wenn kein Pfarrer dabei wäre.

Ein Grund, warum viele Pfarrer mit dem Zweiten Programm nicht zurechtkommen, liegt darin, daß sie gewohnt sind, im Mittelpunkt zu stehen. Das Zweite Programm ist gerade dadurch gekennzeichnet, daß niemand im »Mittelpunkt« steht, sondern eine Vielzahl von Mitarbeitern jeweils kleinere Aufgaben übernehmen.

Die nächsten drei Bilder zeigen, wie unterschiedlich Erstes und Zweites Programm strukturiert sind.

Der Pastor als „Flaschenhals"

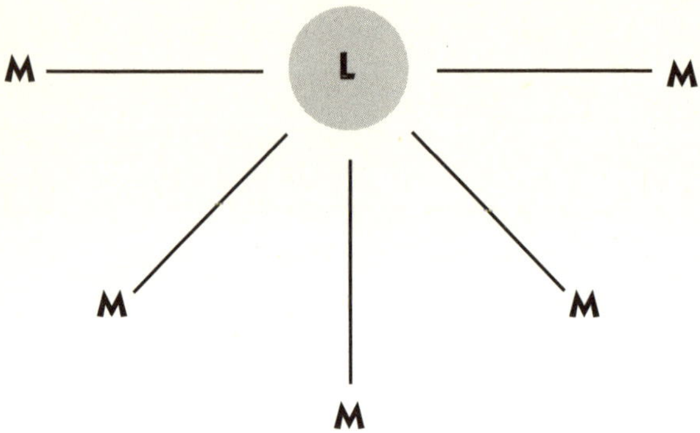

L = Leiter
M = Mitarbeiter

In einem schlecht gemachten Ersten Programm ist der Pastor der »Flaschenhals«. Die ehrenamtlichen Mitarbeiterinnen und Mitarbeiter sind die verlängerten Arme des Pfarrers. Es gibt zwar einen Kirchenvorstand, dieser beschäftigt sich jedoch in der Regel hauptsächlich mit organisatorischen Dingen, Reparaturen und Verwaltung. Während inhaltliche Leitung nicht selten an zweiter Stelle steht.

Der Pastor als „Katalysator" und Mittelpunkt eines Netzwerkes

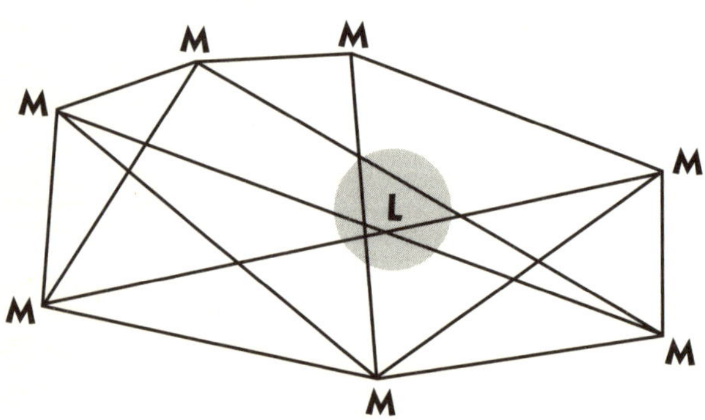

Dies ist das Bild eines gut gemachten Ersten Programms. Der Pfarrer steht in einem Beziehungsgeflecht, d.h. Mitarbeiter werden in Mitarbeiterkreisen geschult, oder der Pastor nimmt Gemeindeglieder zu Taufgesprächen, Besuchsdiensten und Konfirmandenunterricht mit.

Das Leitungssystem

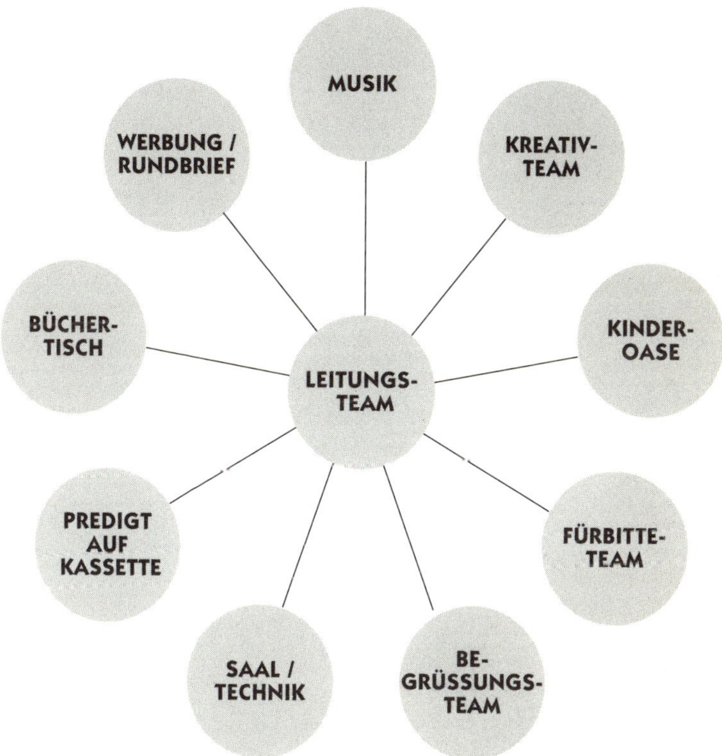

Ein Leitungsteam ist für die Arbeit verantwortlich (typisch für das Zweite Programm).

Das Zweite Programm zeichnet sich durch eine zentrale Leitungsstruktur aus. Um dieses Leitungsteam herum gruppieren sich eine Vielzahl selbständig handelnder Teams. Beispiele sind: Kindergruppen, Büchertisch, Begrüßungsteam usw.

Man möge mir den Vergleich verzeihen, aber das Zweite Programm funktioniert ähnlich wie eine Fernsehsendung, bei der die Show besser ist als der Moderator. Ob nun Elstner, Gottschalk oder Lippert die Sendung »Wetten, daß ...?« moderiert, ist ziemlich gleichgültig. Diese Sendung lebt nicht von ihrem Moderator und hat immer Top-Einschaltquoten.

Denken Sie einmal an andere Fernsehshows, wie z.B. »Na sowas!« oder Wolfgang Lipperts Ratespiel »Stimmt's?« oder »Aber hallo«. Diese und viele andere Shows überleben den Weggang ihres Moderators nicht. Ähnlich verhält es sich oft mit dem Ersten Programm. Es ist sehr stark von der Person des oder der Hauptamtlichen abhängig und damit großen Schwankungen unterworfen.

Das Gottesdienstangebot ist zielgruppenorientiert

Ein weiteres Merkmal des Zweiten Programms ist die Frage: Wie können bestimmte Zielgruppen erreicht werden? Das Gottesdienstangebot stellt sich ganz konsequent auf diese Menschen ein. Der in Kapitel 1 aufgezeigte »kulturelle Graben« wird überbrückt.

Im Ersten Programm sagt die Gemeindeleitung möglicherweise: »Wir haben schöne Jugendräume, eine Tischtennisplatte und einen Billardtisch – warum kommen die Jugendlichen nicht?« Die Kirche sieht sich als eine Einrichtung, die ein Angebot zu machen hat. Die Jugendlichen aber sehen sie als eine starre, überkommene Institution, gegen die sie rebellieren wollen. Darum gehen sie auf Distanz.

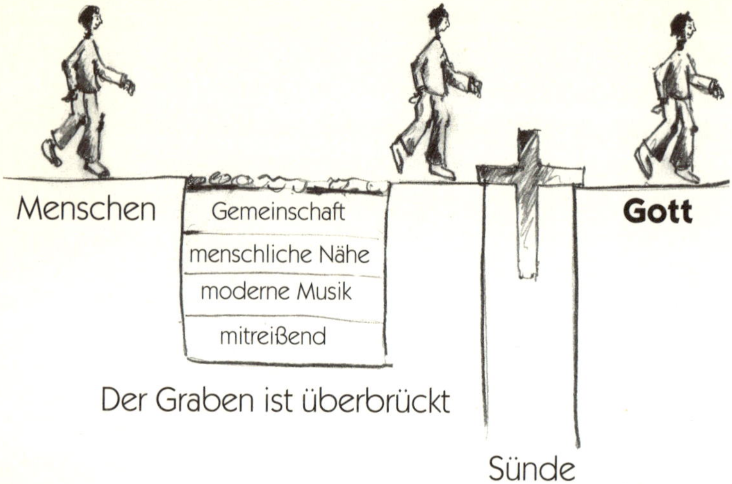

Im Zweiten oder auch Dritten Programm beschäftigt man sich intensiv mit dieser Zielgruppe, die gerne Popmusik hört und Sportprogramme einschaltet, aber überhaupt keinen Bezug zur Kirche hat.

»...und was darf's bei Ihnen sein? Classic oder light?«

Der »kulturelle Graben« wird überwunden, indem freundschaftliche Beziehungen geknüpft werden. Es wird an die Kultur der Jugendlichen angeknüpft, also an ihre Musik und an ihre Lebensgewohnheiten. Es gibt dann beispielsweise einen Jugendtreff und besondere Gottesdienste, möglicherweise auch einen Musiktreff und ein Jugendcafé, Bistro oder spezielle Jugendabende, die auf die Musikkultur der Jugendszene ausgerichtet sind. Natürlich braucht man dazu auch Menschen, die dieser Jugendszene angehören.

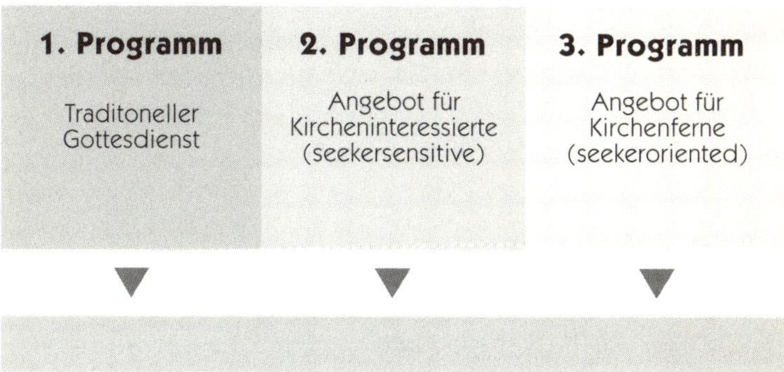

Vorhandene Räume werden genutzt

Bei freikirchlichen Gemeindegründungen enstehen mehr als 50 % der Kosten durch die entsprechenden Gebäude. Ein wesentlicher Vorteil des Zweiten Programms ist, daß in der Regel erstklassige Räumlichkeiten vorhanden sind. Die Wahl des Standorts ist für das Zweite Programm also nur insofern von Bedeutung, als entschieden werden muß, welche Räume benutzt werden sollen.

Wenn das Zweite Programm einen Raum der evangelischen Kirchengemeinde belegen will, dann muß ein Antrag an die Kirchengemeinde gestellt werden. Ist die Gruppe erst einmal genehmigt, dann genügt es, Wünsche anzumelden, damit diese bei der Raumvorgabe berücksichtigt werden.

»Schon gut, daß wir den Kirchenkeller benutzen dürfen – aber wäre eine Beleuchtung ökologisch wirklich so unverantwortbar?«

Der Weg zu der Nutzung von Räumlichkeiten durch das Zweite Programm führt in der Regel über eine der folgenden Möglichkeiten:

a) Antrag an den Kirchengemeinderat: In aller Regel dürfte dies problemlos sein. Meist sind die Verantwortlichen im Zweiten Programm ja auch im Ersten Programm aktiv und haben dort Fürsprecher.

b) Sollte dieser Antrag Probleme machen, da der Kirchengemeinderat kein Zweites Programm will, dann empfehlen sich einige weitere Maßnahmen: Ein Hauskreis, der bereits genehmigt ist und von dem es eine direkte Verbindung zum Zweiten Programm gibt, könnte diesen Antrag stellen. Ihm stehen kirchliche Räume zu. – Möglicherweise gibt es eine Person (z.B. den Dekan), die sich auf die Seite des Zweiten Programms stellt und vermittelnd tätig wird. – Das Zweite Programm sollte sich überlegen, bewußt Kandidaten für die Kirchengemeinderatswahl zur Verfügung zu stellen, um künftig solche Fragen anders und besser regeln zu können.

c) Sollte dies alles nichts bewirken, dann wäre folgendes zu überlegen: Wenn das Zweite Programm so stabil ist, daß es auf eigenen Füßen stehen kann, aber unter dem Dach der Kirchengemeinde keine Aufnahme findet, dann sollte es selbst zur Gemeinde werden. Damit würde eine eigene anerkannte Rechtsstruktur geschaffen. Die neue Gemeinde könnte dann innerhalb des Pfarrbezirks bestehen. Zwar werden Pfarrbezirk und Kirchengemeinde normalerweise gleichgesetzt. Es handelt sich jedoch hier um zwei völlig verschiedene Größen. Die Kirchengemeinde ist eine Erfindung des 19. Jahrhunderts, der Pfarrbezirk stammt aus dem Mittelalter. Es gibt durchaus Dörfer, wo z.B. zwei Kirchengemeinden unter einem Pfarrbezirk vereint sind. Es gibt auch den umgekehrten Fall, bei dem eine Kirchengemeinde aus mehreren Pfarrbezirken besteht.

Dem Zweiten Programm eine eigene anerkannte Rechtsstruktur zu geben, ist jedoch Sache des Oberkirchenrats, dem der Pfarrbezirk juristisch unterstellt ist.

Wenn also ein Kirchengemeinderat sagt: »Wir wollen die Leute vom Zweiten Programm nicht ausgrenzen, sie sollen ruhig in der Kirche bleiben, aber wir wollen nicht direkt mit ihnen zusammenarbeiten!«, dann wäre dies ein möglicher Ausweg. Der Dekan müßte dann in Zusammenarbeit mit dem Oberkirchenrat eine entsprechende Regelung finden. Geschichtlich finden Sie diese Regelungen im Zusammenhang mit den Kapellengemeinden. Dort wurden sehr gute Erfahrungen gemacht.

»Es ist Frühling – da muß ich unser Kapellchen wieder anmelden.«

Da es sich hierbei um ein komplexes kirchenrechtliches Gebiet handelt, bietet es sich an, weitere Informationen einzuholen.*

Eine Stadt mit verschiedenen Pfarrbezirken hat im Ersten Programm in der Regel mehrere Gebäude anzubieten. Es lohnt sich, diese einmal auf einem Blatt zusammenzustellen, um dann zu entscheiden, welches Gebäude sich für das Zweite Programm eignet.

Wählen Sie die Möglichkeiten der Standorte aus.

Standort	Anzahl der Parkplätze	Anzahl der Sitzplätze	Anzahl der Räume	Kosten

Das Erste Programm wird unterstützt

Es steht außer Frage, daß das Zweite Programm das Erste Programm unterstützt, wo gemeinsame Ziele bestehen. Wenn z.B. im Ersten Programm ein Gemeindefest stattfindet für das eine Musikgruppe oder einige tatkräftige Helfer gebraucht werden, dann sollte dem Pfarrer/der Pfarrerin signalisiert werden, daß sie gerne auf das Potential des Zweiten Programms zurückgreifen können.

* Johannes Oesch hat hierüber im Deutschen Pfarrerblatt geschrieben, und steht für Informationen zur Verfügung (Baumgartenweg 41, 71149 Bondorf).

Kapitel 5

Das »Mission Statement«

Viele ernstgemeinte und durchaus gut vorbereitete Versuche, ein Zweites Programm zu starten, scheitern nach der anfänglichen Begeisterung. Bei den ersten deutlichen Schwierigkeiten zerbricht schnell die Einheit derer, die den Kurs miteinander abstecken. Der eine sieht die Zukunft des Zweiten Programms in verstärkter Evangelisation, der andere würde bisweilen einen entgegengesetzten Ausgangspunkt wählen und mit einer Schulung nach innen arbeiten, damit sich die Situation bessert. In diesem Kapitel soll ein Instrument angeboten werden, das hilft, diese Krise zu vermeiden: die Gemeindephilosophie oder das »Mission Statement«.

»Wir werden ja sehen, welche Meinung sich als „Mission Statement" durchsetzt.«

In einem »Mission Statement« wird festgehalten, worin die Gruppe ihren besonderen Auftrag sieht und wie sie ihn auszuführen gedenkt. Wer neu zum Leitungsteam dazustößt, soll wissen, woran er ist, und wer im Zweiten Programm Verantwortung trägt, verpflichtet sich zu diesem Kurs. Im Krisenfall kann man sich gegenseitig ermahnen und an die anfängliche Ausrichtung erinnern.

Wie kommen wir dazu?

Wer sich mit einem Zweiten Programm an die Öffentlichkeit wagen will, braucht einen Traum. Es ist schön, darüber nachzudenken, wie Gemeinde aussehen und was sie alles bewirken könnte. Der Traum allein genügt jedoch nicht. In den harten Auseinandersetzungen des Alltags braucht es mehr. Nötig ist ein klares, niedergeschriebenes, umsetzbares Konzept, eben das »Mission Statement«.

Wie gliedern wir es?

1. Zielgruppe, die erreicht werden soll. Hinwendung dieser Zielgruppe zum Evangelium von Christus.
2. Sollen Hauptamtliche angestellt werden? Wenn ja, wann (Besucherzahl)?
3. Gemeindeaufbauziele, z.B.:
   - Wollen wir ein Angebot für Christen, Kirchendistanzierte oder Kirchenferne?
   - Welchen Frömmigkeitsstil pflegen wir (Lobpreis, Gebetsformen)?
   - Ziele der Hauskreisarbeit: Zellteilung statt Kuschelkreise?
   - Multiplikation unserer Arbeit: Weitere Zielgruppen?
4. Finanzierungsmethode?
5. Wem gegenüber sind wir verantwortlich? Verhältnis zur Kirchenleitung und zum Ersten Programm?
6. Zusammenarbeit mit anderen Gemeinden und Gruppen auf regionaler Ebene?

Über die Tauffrage ist viel diskutiert worden, aber in diesem Fall steht sie nicht zur Diskussion. Wenn Sie Zweites Programm Ihrer Ortskirchengemeinde sein wollen, müssen Sie sich an die Taufordnung der Landeskirche halten. In der Frage der Sakramente müssen Sie auf jeden Fall eine gute Zusammenarbeit mit Ihrem Pfarrer anstreben.

Wie funktioniert es?

Bringen Sie die Gliederung in verständliche Aussagen. Einige Möglichkeiten zeigen Ihnen unsere Beispiele am Ende des Kapitels. Die für die Orientierung des Zweiten Programms Verantwortlichen verpflichten sich – eventuell zeitlich begrenzt – auf das »Mission Statement«.

Um die Effektivität dieses Instruments zu nutzen, muß es regelmäßig in Erinnerung gerufen werden. Nehmen Sie in Ihren Predigten und Schulungen Bezug darauf. Noch wichtiger: Der Inhalt des »Mission Statement« muß sich in allen Aktivitäten des Zweiten Programms widerspiegeln. In der Industrie spricht man von »Corporate Identity« (gemeinsame Identität) und »Corporate Design« (gemeinsame Form). Denken Sie z.B. an McDonald's. Der Schriftzug sieht immer gleich aus, egal ob als Firmenzeichen, auf dem Gebäude oder auf dem Pappbecher. Und Sie verbinden damit sofort bestimmte Dinge. Aber auch nach innen sind die Dinge geregelt, bis hin zum Lächeln der Verkäuferin, auf das der Kunde einen Anspruch hat. Nach innen wird dadurch das Bewußtsein geschaffen, zu einer starken Einheit zu gehören. Hier bleibe ich gern dabei. So verpflichtet auch das »Mission Statement« Leitung und Mitarbeiter auf einen gemeinsamen Kurs, der nach innen und außen deutlich wird. So weiß jeder, woran er ist.

Konkrete Ziele entwickeln

»Als Ausländerbeauftragter ersuche ich Sie, Herr Pfarrer, daß Ihre nächsten 20 Neubekehrten Türken oder Griechen sein sollten.«

Ein »Mission Statement« steht erst einmal nur auf dem Papier. Um die Umsetzung in die Wege zu leiten, müssen nun Ziele formuliert werden. Ein Ziel hat immer zwei Kriterien:

1. Es ist meßbar, d.h. es beantwortet alle »W«-Fragen, wie z.B., wer, was, wie, wo, wann usw.
2. Es ist realistisch.

Wenn wir nun als Leitungskreis beschließen, daß wir starkes Wachstum bejahen und bis zum Jahresende nicht nur unsere Gottesdienstbesucherzahl deutlich erhöhen, sondern auch die ersten Hauskreise gründen wollen, dann frage ich Sie: »Ist dies ein Ziel?«

Möglicherweise würden Sie diese Frage bejahen.

Ich möchte aber folgendes dagegenhalten: Die Meßbarkeit ist damit nicht gewährleistet. Die »W«-Fragen lassen sich also nicht beantworten. Was ist, wenn Ende des Jahres 20 Personen dazugekommen sind? Die einen sind begeistert, die anderen frustriert. Ein Ziel wäre es also, zu sagen: Wir haben derzeit 120 Besucher, und wir wollen diese Zahl bis Ende des Jahres um 50 % auf 180 steigern.

Lassen Sie uns möglichst viele solcher Ziele formulieren oder auch einfach Dinge, die zu veranlassen sind. Es ist wichtig, daß das, was im »Mission Statement« festgelegt wurde, jetzt Zug um Zug Gestalt gewinnt.

Ein Beispiel

Mission Statement ON-LINE-Gottesdienst:

»Der ON-LINE-Gottesdienst ist ein Gottesdienst in moderner Form, der sich gezielt an Teenies wendet.

Der Gottesdienst ist ein sichtbares Zeichen von Gemeinschaft, Lebensfreude und Sinnvermittlung, wie sie durch die Liebe Gottes geschenkt wird, die in Jesus Christus sichtbar geworden ist.

Durch den ON-LINE-Gottesdienst sollen Jugendliche neugierig gemacht werden, sich intensiver mit ihrem Leben auf Gott einzulassen.

Erreicht wird dies u.a. durch lebensnahe Themen, die aus der Sicht des Evangeliums beleuchtet werden.

Um dem Bedürfnis nach Gemeinschaft der Zielgruppe Rechnung zu tragen, aufbrechende Fragen der Besucher zu klären und die tiefere Verankerung im christlichen Glauben zu ermöglichen, werden zusätzlich kurze Grundkurse des Glaubens in jugendgemäßer Form angeboten.

Zudem soll sich eine expandierende Hauskreisarbeit entwickeln, deren Schwerpunkt auf der Einübung geistlicher Gaben, der Vertiefung der Bibelkenntnis und dem Wachstum gegenseitigen Vertrauens liegt. Die Hauskreise teilen sich ab einer Größe von 12 Mitgliedern.

Das Zweite Programm »ON-LINE-Gottesdienst« finanziert sich durch freiwillige Zuwendungen. Es hat den rechtlichen Rahmen eines eingetragenen Vereins.

Die verantwortliche Mitarbeit von Laien ist dabei wesentlicher Bestandteil. Hauptamtliche Mitarbeiter sollen ab einer Größe von etwa 100 Besuchern angestellt werden.

Der ON-LINE-Gottesdienst versteht sich als Parallelstruktur innerhalb der Kirchengemeinde und damit als Teil der ev.-luth. Landeskirche. Dies kommt in der Nutzung der Gemeinderäume ebenso zum Ausdruck wie in der aktiven Beteiligung an der Jugendarbeit. Jedoch bleibt er finanziell und in seiner Organisation selbständig. Er sucht konstruktiven Kontakt zur Gemeinde- und Kirchenleitung und weiß sich letzterer gegenüber verantwortlich.

Der ON-LINE-Gottesdienst ist zudem zur Zusammenarbeit mit anderen christlichen Gruppen ähnlicher Zielsetzung in der Umgebung bereit.«

Die Zukunft im Blick

Gottesdienste und Gemeindepflanzungen in der Landeskirche haben den Vorteil, daß sie überdurchschnittlich schnell wachsen. Es gibt eine große Nachfrage nach ungezwungenem, fröhlichem Beisammensein sowie nach moderner Musik, insbesondere Lobpreis.

Trotzdem gibt es keine einfache Erklärung, warum Zweitgottesdienste innerhalb der Landeskirche so erfolgreich sind.

Gegenüber freikirchlichen Angeboten ist die Besucherzahl etwa fünf mal höher. Aber ein Vergleich scheint hier nur bedingt sinnvoll, da sich schon das Erste Programm beider Kirchentypen zum Teil erheblich unterscheidet.

Viel ist in der Vergangenheit versucht worden, mit meist bescheidenen Ergebnissen.

Es scheint jedoch einige Dinge zu geben, wie z.B. das Frühstückstreffen für Frauen, die regen Zulauf haben (zum Frauenfrühstück kommen in manchen Städten mehrere Hundert Besucherinnen!).

Wenn nun der neugegründete Gottesdienst an die Grenzen seiner Kapazität kommt und die Zahl der Sitzplätze nicht mehr ausreicht, muß man sich neue Gedanken machen. Hier sind einige Vorschläge, wie man das Zweite Programm langfristig erweitern kann:

1. Man kann den Zweitgottesdienst mit genau demselben Ablauf verdoppeln.
2. Man kann das Gottesdienstangebot verdoppeln, indem man den Gottesdienstablauf verändert, der Prediger jedoch derselbe bleibt. (Beispiel Abend-OASE um 20.00 Uhr ohne Kinder-OASE usw.)
3. Man kann das Gottesdienstangebot verdoppeln, indem man den Gottesdienstablauf verändert und auch die Predigt austauscht. In Marburg gibt es ganz unterschiedliche Gottesdienste, z.B. für Studenten, für Ausländer usw. Ein Beispiel aus den USA ist die lutherische Community Church of Joy in Phoenix/ Arizona, die im Verlauf eines Wochenendes fünf völlig unterschiedliche Gottesdienste durchführt, von einem traditionellen Gottesdienst bis hin zu einem »Country- und Western-Gottesdienst« bzw. einem »Teenie-Gottesdienst« (Fachwort: Multicongregational Church).

Hier sind einige Beispiele für Gottesdienste mit spezieller Ausrichtung:

1. Meditationsgottesdienste (Psalmen, Lieder von Taizé, Zeit für Stille usw.)
2. Gottesdienste für Aussiedler (Mit besonderer Liturgie, mit den entsprechenden Liedern usw.)
3. Mehrsprachige Gottesdienste/Bilingual Services (In Großstädten gibt es erste Gottesdienste, die in Deutsch und Englisch gehalten werden. Leute kommen gerne, um ihre Sprachkenntnis aufzufrischen.)
4. Gottesdienste für junge Familien mit Kindern (Ein attraktives Kinderprogramm ist hier entscheidend.)
5. Teenie-Gottesdienste (Es gibt Gottesdienste, in denen Teenies nicht nur den Rahmen gestalten, sondern auch selbst predigen.)
6. Gottesdienste für Intellektuelle (z.B. in Zusammenhang mit der Frage der Umwelt und der »Bewahrung der Schöpfung«)

7. Gästegottesdienste (Gottesdienste, die sich besonders an Interessierten und Kirchenfernen orientieren.)
8. Liturgische Gottesdienste (Psalmen werden im Wechsel gebetet, das Vaterunser wird gemeinsam gebetet. Möglicherweise wird die Predigt gedruckt verteilt. Eine liturgische Ausrichtung steht im Vordergrund.)*
9. Schnuppergottesdienste (Unverbindlich; die Evangelisation vor der Evangelisation. Max. 45 Minuten)

»And here wir berichten live aus eine deutsche Gottesdienst von ein Phänomen, das ist noch viel rätselhafter als der Toronto-Segen: die totale Erstarrung!«

10. Segnungsgottesdienste (Gottesdienste, in denen für Kranke usw. gebetet und in besonderer Weise mit dem Eingreifen Gottes gerechnet wird.)
11. Mit Kindern Gottesdienst feiern (Kindgemäße Gottesdienste mit Bewegungsliedern usw.)
12. Motorradfahrergottesdienste
13. Thomas-Messen (Ganz unterschiedliche Elemente. Starkes Engagement der Besucher. Leute kommen z.B. nach vorn an den Altar zu besonderen Gebeten, Schriftlesungen, Lebensberichten usw. Diese Gottesdienstform stammt ursprünglich aus Helsinki und wird zunehmend in Norddeutschland gefeiert.)

* Das Buch »Gottesdienst feiern«, Kohler, Siebald, Brunnen-Verlag, ist hier eine hervorragende Anleitung.

14. Langschläfergottesdienste (beginnen typischerweise um 11.00 Uhr und dauern nur 45 Minuten)
15. Powergottesdienste (Im Mittelpunkt stehen Erfahrungen mit dem Heiligen Geist.)
16. Lehrgottesdienste (Besucher bringen ihre Bibel mit. Die Gliederung der Predigt wird durch Folien auf dem Tageslichtschreiber gezeigt. Möglicherweise wird auch ein Blatt zum Mitschreiben verteilt, auf dem die wichtigsten Punkte bereits abgedruckt sind.)
17. Evangelistische Gottesdienste (Predigt, Zeugnisse und Musik zielen darauf ab, Nichtchristen anzusprechen. Menschen erhalten eine Chance, Christ zu werden.)
18. »Bodylife« (Die Betonung liegt auf den persönlichen Beziehungen: sich mitteilen, öffnen, voneinander wissen. Die Gottesdienstbesucher werden in Gruppen aufgeteilt, um zu erzählen und gemeinsam zu beten.)
19. Charismatische Gottesdienste (freie und unstrukturierte Gottesdienste mit Lobpreismusik)
20. Diskussionsgottesdienste (Warum nicht gleich die Predigt diskutieren? Eine gewisse Zeit für Fragen und Antworten lassen. Es gibt Gemeinden, die sich nach der Predigt erst einmal in Kleingruppen aufteilen, um sich über das Gehörte auszutauschen.)

Kapitel 6

Die Finanzen

Wer gewohnt ist, relativ konstant fließende Kirchensteuermittel zu verwenden, muß umdenken. Ein wesentlicher Vorteil des Zweiten Programms besteht in seiner Selbständigkeit. Nur so kann flexibel auf die Bedürfnisse der Zielgruppe reagiert werden. Diese Flexibilität hat jedoch ihren Preis. Die Mittel für alle entstehenden Ausgaben müssen selbst beschafft werden. Für solch ein Unternehmen ist immer beides nötig: Heiliger Geist und Geld.

Haben wir Geld für die laufenden Kosten, für Räumlichkeiten und eventuell für den Unterhalt eines Hauptamtlichen?

Was kostet ein Gottesdienst?

Es ist ganz interessant, einmal zu fragen, was ein Gottesdienst im Ersten Programm kostet. Hier ist ein ungefährer Anhaltspunkt:

500,– DM für den Pfarrer
(10 Std. incl. Abhalten der Predigt à 50,– DM/Std. = 500,– DM)

320,– DM für den Kantor und sein Orgelspiel
(8 Std. à 40,– DM für einen Kantor auf einer A-Stelle, wobei eine B- oder C-Stelle entsprechend billiger ist)

450,– DM für den Mesner
(15 Std. für putzen, heizen usw. à 30,– DM/Std.)

50,– DM für den Blumenstrauß

60,–	DM	für Öl, Gas, Wasser und Strom (im Winterhalbjahr deutlich mehr)
60,–	DM	für Instandhaltungskosten wie z.B. Orgel stimmen, Wartung der Beschallungsanlage, der Glocken, der Turmuhr, kleinere Renovierungsarbeiten usw.
2.000,–	DM	pro Veranstaltung als Abschreibung für das Kirchengebäude bzw. Raummiete (Zugrundegelegt ist ein Kirchengebäude im Wert von ca. 2,5 Mio. DM)
3.440,–	DM	gesamt

Ein Gottesdienst im Zweiten Programm kostet nur einen Bruchteil dieser Summe. Da im Zweiten Programm keine Aufwendungen für Pfarrer oder Kantor da sind, fallen diese Kosten schon einmal weg. Auch das Stühlestellen oder was sonst noch zu tun ist, wird in der Regel von den Mitarbeitern des Zweiten Programms erledigt. Die Raumkosten sind bezahlt. Es findet sogar eine bessere Nutzung der Räume statt. Wenn das Zweite Programm zudem die Chance nutzt, eine ganz neue Opferkultur zu entwickeln, sind seine Gottesdienste leicht kostendeckend zu gestalten.

Brauchen wir einen hauptamtlichen Mitarbeiter?

Eine internationale Faustregel besagt: Je 100 Besucher ein Hauptamtlicher. Die OASE hat ein ausgesprochen starkes Team. Eine Reihe Mitarbeiter haben beruflich selbständige Positionen, bei denen sie umfangreiche Arbeiten für die OASE erledigen können. Nur so ist es trotz der Zahl von mehr als 350 Besuchern derzeit noch möglich, ohne hauptamtlichen Mitarbeiter auszukommen. Aber auch die OASE ist an einem Punkt angelangt, an dem sie hauptamtliche Mitarbeiter braucht.

»Wieder nur so ein langer Brief – und kein bißchen Geld drin.«

Beispiel für eine Monatskalkulation

Die Personalkosten sind gewaltig. Die Raumkosten sind jedoch noch höher, falls Sie keine kirchlichen Räume unentgeltlich nutzen können. Denken Sie auch an Telefon und Fax. Letzteres ist heutzutage unabdingbar und oft erheblich billiger als Telefon. Dazu kommen Mittel zur Unterhaltung bzw. Abschreibung eines Autos. Pro Veranstaltung entstehen weitere Kosten, z.B. für ein Gerät zum schnellen Kopieren von Kassetten, für Getränke, Werbung usw.

Im folgenden Beispiel gehen wir von einem Hauptamtlichen aus, der brutto 4.000,– DM verdient. Dies sind etwa 60-70 % eines Pfarrergehaltes. Da es jedoch zunehmend arbeitslose Theologen gibt, die für eine solche Stelle dankbar sind, ist dies ein akzeptables Anfangsgehalt. Weiterhin gehen wir von einer Teilzeitkraft auf 590-DM-Basis aus. Dies ist die günstigste Form der Abrechnung.

Bei 15,– DM pro Stunde hätten Sie eine solche Person immerhin knapp 40 Stunden pro Monat zur Verfügung. Bei 20 Arbeitstagen im Monat sind dies immerhin zwei Stunden pro Tag. Es ist erstaunlich, wieviel eine routinierte Arbeitskraft in dieser Zeit bewältigen kann.

Eine monatliche Kostenaufstellung könnte etwa so aussehen:

1.000,–	DM	Büromiete
500,–	DM	Bürogeräte wie Computer, Kopierer, Diktiergerät usw.
500,–	DM	Telefon/Fax
2.000,–	DM	Miete und Kosten für Veranstaltungen
1.000,–	DM	Werbung (Handzettel, Plakate, Besucherinfos usw.)
500,–	DM	KFZ, laufende Kosten
500,–	DM	KFZ-Abschreibung bzw. -Leasingrate
1.000,–	DM	Sonstiges
4.000,–	DM	Gehalt für einen hauptamtlichen Mitarbeiter
3.000,–	DM	Nebenkosten
590,–	DM	Hilfskraft/Sekretärin
14.590,–	DM	Gesamt

»Warum etwas ändern? Der Herr tut doch Wunder!«

Woher kommen die Mittel?

Die Opferkultur im Sonntagsgottesdienst des Ersten Programms ist in der Regel erbärmlich. Was dort gegeben wird, wissen Sie selbst aus den sonntäglichen Abkündigungen. Da sich das Zweite Programm als Teil der Landeskirche versteht und die Besucher kirchensteuerpflichtig sind, pflanzt sich dieses Opferverhalten dort geradlinig fort. Besucher stehen oft auf dem Standpunkt, daß sie ja ihre Kirchensteuern (je nach Landeskirche 8-10 % der Lohnsteuer) bezahlt haben und deswegen hier nicht noch einmal spenden müssen. Bei 350 OASE-Besuchern liegt das Opferaufkommen bei ca. 750,– DM, wenn es für die eigenen Zwecke erbeten wird und bei ca. 1.500,– DM, wenn wir für ein Hilfsprojekt sammeln. Etwa die Hälfte der Gottesdienstbesucher gibt etwas, die andere Hälfte gibt nichts. Im Freizeitbereich sieht es doch so aus: Ein Kinobesuch kostet ca. 10,–, DM, ein Discobesuch 10,– DM Eintritt + 10,– DM für Getränke, eine Schachtel Zigaretten 5,–, DM und unter 20,– DM ist es überhaupt nicht möglich, sich einen gemütlichen Abend außerhalb der eigenen vier Wände zu machen. Insofern ist es schwer verständlich, warum das durchschnittliche Opferaufkommen nicht einmal 5,– DM beträgt. An diesem Punkt wird deutlich, daß die Nähe zur Landeskirche nicht nur ein Vorteil ist, sondern sich auch nachteilig auswirken kann.

Mehrere Wege bieten sich an, um den Monatsetat eines Zweiten Programms zu finanzieren:

1. Gezielter Aufbau eines Spenderkreises und Ermutigung zum Geben des »Zehnten«
2. Mitgliederbeitrag bei Organisationen in Vereinsform
3. Teilweise Eigenfinanzierung des hauptamtlichen Mitarbeiters

Die Beteiligung der Ortskirchengemeinde oder des Kirchenbezirks wird hier nicht näher erwogen, da im Zuge leerer werdender Kassen keine Zuschüsse zu erwarten sind. Falls die Beziehung zum Ersten Programm sehr gut ist, könnte im Gottesdienst des Ersten

Programms hin und wieder eine Kollekte für das Zweite Programm erhoben werden.

1. Freiwillige Spenden eines Spenderkreises

Hier bedarf es eines sogenannten »Fundraising«-Programms. Fundraising zu betreiben, bedeutet, die Motivation der Spender in einem Maß zu steigern, das ein lukratives Endergebnis erwarten läßt. Dazu muß man konkrete Projekte benennen. Eine Fundraising- Aktion kann z.B. eine Aktion 70 x 70 sein. Sie suchen 70 Spender, die 70,– DM pro Monat geben. Damit wären schon einmal knapp 5.000,– DM, also etwa ein Drittel Ihres Etats, in der Kasse. Einige der Mitarbeiter und regelmäßigen Besucher sind möglicherweise bereit, den »Zehnten« zu geben. In den meisten Gemeindegründungshandbüchern der Freikirchen finden Sie Predigtunterlagen, die sich mit dem biblischen Zehnten befassen.

Erfahrungsgemäß spenden die Menschen umso leichter und freigebiger, je mehr sie sich mit dem Verwendungszweck identifizieren können. Handeln Sie also in Finanzangelegenheiten stets nachvollziehbar. Eine ordentliche Buchführung ist eine Selbstverständlichkeit. Es gibt zunehmend Literatur auf dem Gebiet des Fundraising, die es Ihnen ermöglichen sollte, Ihre Anliegen gut zu präsentieren.

2. Mitgliedsbeiträge eines Vereins

Die Vereinsgründung ist der einfachste rechtliche Rahmen für ein Zweites Programm.

Warum sollte es einen Verein innerhalb der Kirchengemeinde geben? Viele Gruppierungen haben sich auch im Ersten Programm bereits auf diese Weise formiert: So gibt es häufig Kindergartenvereine oder den Verein der Orgelmusikfreunde einer Gemeinde.

Die Diakonie, die von jeher ein Verein ist, zählt wohl zu den bekanntesten Beispielen. Verschiedene Gründe sprechen für diese Organisationsform:

- Der Verein für ein Zweites Programm läßt dies als Institution greifbar werden. Das ist kirchen- bzw. kommunalpolitisch wichtig, da die Eigenständigkeit betont wird.
- Der Verein kann sich eine eigene Satzung (im Rahmen bestehenden Kirchenrechts) geben, der das »Mission-Statement« aufnimmt und in eine umsetzbare Form bringt.
- Der Verein hat eine eigene, vom Kirchenvorstand unabhängige Leitungsstruktur. Bei den Kirchenvorstandswahlen kann der Verein für bestimmte Kandidaten eintreten, die das Zweite Programm unterstützen.
- Mancher, der schon fast aus der Kirche ausgetreten war, findet im Zweiten Programm eine neue Heimat. Der Verein für ein Zweites Programm hält also Menschen in der Landeskirche.
- Die Finanzierung des Zweiten Programms über Mitgliedsbeiträge macht das Programm finanziell besser kalkulierbar. Zudem

wird die Kirchengemeinde von finanziellen Lasten befreit, weil sie durch die Versorgung der Vereinsmitglieder im Rahmen eines aufwendigeren Ersten Programms zusätzliche Ausgaben hätte.

- Ein Verein hat die Freiheit, unabhängig vom Image der Kirchengemeinde aufzutreten. Er bietet die Chance, dieses wieder zu verbessern.

Pfarrer Burkhard Affeld (Osnabrück) ist Experte auf dem Gebiet der Vereinsgründung und hat in Osnabrück einen Gemeindeaufbauverein gegründet. Er sagt: »Mit dem Verein schaffen wir mindestens dreierlei: mehr Spielraum, Verantwortung in der Gemeindearbeit und ein höheres Spendenaufkommen.«*

3. Eigenfinanzierung des Hauptamtlichen

Von Paulus ist bekannt, daß er seinen Lebensunterhalt mit seiner Hände Arbeit verdiente und für sich selbst keine Opfer in Anspruch nahm. Paulus arbeitete als Zeltmacher. Daher der Ausdruck »Zeltmacher« oder »Tentmaker« für eine teilweise Finanzierung durch Eigenarbeit. Es ist durchaus denkbar, daß jemand halbtags arbeitet, um sich die andere Hälfte des Tages dem Aufbau der Gemeinde zu widmen. Immer mehr Menschen gehen in den vorzeitigen Ruhestand, und für die Gemeinde ist es eine große Hilfe, wenn sie so jemanden begeistern könnte.

* Im Buch »Gemeinde gründen in der Volkskirche – Modelle der Hoffnung«, Knoblauch/Eickhoff/Aschoff ist ab Seite 125 die komplette Satzung abgedruckt. Das Buch ist im Buchhandel vergriffen, jedoch bei der AGGA, Postfach 1108, 89526 Giengen, Tel. 07322/950250, Fax 07322/950257 erhältlich.
Ein weiterer Literaturtip (1994) ist die kleine Broschüre »Selbständige Vereine in volkskirchlichen Gemeinden«, erhältlich beim Gemeindehilfsbund, Krelingen, 29664 Walsrode.

Die Bibel verbindet große Segnungen mit großzügigem Geben. Das Zweite Programm ist eine großartige Chance, das Opfern wieder neu zu lernen. Jesus selbst macht uns Mut, »rechte Schätze« zu sammeln: »Sammelt euch nicht Schätze auf der Erde, wo Motten und Rost sie zerstören und wo Diebe durchgraben und stehlen. Sammelt euch aber Schätze im Himmel, wo weder Motten noch Rost zerstören und wo Diebe nicht durchgraben und stehlen« (Matthäus 6,19-20). Wir müssen es lernen, solche guten Investitionsmöglichkeiten wahrzunehmen.

Kapitel 7

Den Umbau der Volkskirche wagen

Vier Anfragen an die Kirchenleitung

Die OASE-Gottesdienste haben neben den normalen Sonntagsgottesdiensten in einer relativ traditionellen kirchlichen Situation für einige hundert Menschen geistliche Heimat schaffen können. Das verdient als erstes Anerkennung und Dank an die Verantwortlichen – und nicht Zurückhaltung oder abwartende Distanz. Nicht mangelnde Integrationsbereitschaft, sondern das Fehlen einer durchgängig biblisch orientierten Verkündigung macht Zusatzangebote nötig, so die übereinstimmende Aussage zahlreicher Gottesdienstbesucher.

Mit der OASE werden durch Zielgruppenorientierung zwei Segmente einer vielschichtig gewordenen Gesellschaft erfolgreich angesprochen: Familien mit Kindern und Singles – beide meist mit bürgerlichem Hintergrund. Das Angebot umfaßt über die »Gottesdienstgemeinde« hinausgehend, Seminare und aus sozialer Verantwortung gestartete Aktionen und Hauskreise bieten menschliche Nähe und Hilfe. Dies alles geschieht durch ehrenamtlichen Dienst und teilweise unter Beteiligung von hauptamtlichen Mitarbeitern. Mit diesen Mitteln werden irgendwann Grenzen erreicht, auch bei hervorragender Organisation. Um die Tragfähigkeit und Ausstrahlung zu vergrößern und der geistlichen Verantwortung für mehrere hundert Menschen Rechnung zu tragen, werden in Zukunft wohl hauptamtliche Mitarbeiter zur Koordination benötigt, die das Engagement der ehrenamtlichen Helfer strukturieren und fördern.

Nach der Startphase der OASE wird jetzt deutlich, daß eine Strukturreform der Kirche und die Entwicklung einer Gesamtstrategie für eine Region zur Aufgabe von Kirchenleitungen, Dekanaten und Kirchengemeinden werden, um dem »Neuen Wein« einen geeigneten Platz zur Reife bereitstellen zu können – mitten in der Kirche.

Der Schritt vom Zweitgottesdienst zur Gemeindegründung innerhalb einer gegliederten Ortsgemeinde kann nicht von der Basis selbst bewältigt werden. Zu groß sind die Auseinandersetzungen auf den Gemeinde- und Dekanatsebenen überall in der Bundesrepublik, zu gering auch die Erfahrung, um eine solche Umgestaltung in der Volkskirche herbeizuführen. Im Konfliktfall wird fast immer eine Vereinsgründung als scheinbar einzige Lösung angestrebt. Es stellt sich die Frage, ob es nicht Alternativen gibt, die die Kirche verändern können. Hierfür sind jedoch die Kirchenleitungen gefragt.

1. Weitere Vereinsgründungen vermeiden – einen geeigneten Rahmen für Projektgemeinden schaffen

Der »neue Wein« (Lukas 5,37-38) ist zu wertvoll, als daß er durch Vereinsgründungen als Randerscheinung in Parallelstrukturen versauern sollte. Die nötige Veränderung und Erneuerung der Kirche bleibt aus, wenn man es sich in größtmöglichem Abstand voneinander in der jeweiligen Nische gemütlich macht. Durch einen vertrauensvollen und von gegenseitiger Wertschätzung geprägten Austausch gibt man sich jedoch gegenseitig Rechenschaft, und dies müssen wir einander um der Weiterentwicklung kirchlichen Lebens willen zumuten.

»Neuer Wein« braucht Raum zum Reifen. Im Rahmen von **Erprobungsgesetzen** muß der nötige gesetzliche Rahmen von der Kirchenleitung geschaffen werden. Die Kirchengemeindeordnung ist so zu ändern, daß Aufbrüche geistlichen Lebens nicht gedämpft oder aus der Kirche herausgedrängt werden. Dazu müssen die **Pfarrbezirksgrenzen** durchlässig werden. Eine Umgemeindung muß unbürokratisch vollzogen werden können, so daß Menschen in einer Region sich der Gemeinde ihrer Wahl und ihres Stils anschließen können, dort mitarbeiten, Amtshandlungen empfangen und durch ihr Wahlrecht aktiv die Belange der Kirchengemeinde mitbestimmen können.

Durch die immer dichter werdenden Alternativangebote der Freikirchen und bedingt durch eine ausgesprochen starke Mobilität von sog. evangelikalen Christen, muß eine pastorale Versorgung auch in der Landeskirche aus einer Hand angeboten werden. (Nicht: Amtshandlungen in der Wohnort-Gemeinde, Hauskreise in der Nachbargemeinde und alternativer Gottesdienst 10 bis 15 Kilometer entfernt.)

Bei der **Besetzung von Planstellen** innerhalb eines Pfarrbezirks ist die jeweilige geistliche Situation einer Gemeinde zu berücksichtigen. Das gewachsene Gemeindeleben und die Ausrichtung der Arbeit in einer Gemeinde können nicht immer wieder grundsätzlich in Frage gestellt werden, z.B. durch eine der Situation nicht entsprechende Personalpolitik (Hauptsache, die Löcher sind gestopft – so die Empfindung eines langjährigen Mitarbeiters). Allerdings muß eine drohende Einförmigkeit in der Gemeinde durch ein in den Begabungen unterschiedliches Leitungsteam vermieden werden.

Das derzeitige **Wahlrecht für den Kirchenvorstand** muß den neuen Erfordernissen angepaßt werden. Die offene demokratische Struktur muß überdacht und dabei dem Selbstbestimmungsrecht der »Gottesdienstgemeinde« mehr Geltung verschafft werden.

Eine solche Ergänzung des Kirchenrechts muß gemeinsam an einem **»runden Tisch«** von allen Beteiligten erarbeitet werden. Besonders die Verantwortlichen eines Zweiten Programms müssen hierbei gehört werden, um den rechtlichen Rahmen zu schaffen, der den Anforderungen der Praxis im Gemeindealltag Rechnung trägt.

Die Initiative muß aber von der Kirchenleitung ausgehen. Der **Interessenkonflikt** innerhalb einer Gemeinde, und auch innerhalb eines Kirchenbezirks ist zu groß, als daß er vor Ort gelöst werden könnte. Die Beteiligten sind überfordert, wenn sie eine Strukturreform der Kirche auf gemeindlicher Ebene entwickeln müßten. Aufgabe der Kirchenleitung ist nicht die Wiederherstellung einer (trügerischen) Friedhofsruhe als oberstes Gebot, sondern mutiges, kirchenleitendes Handeln, das auf die Entwicklung einer Gesamtstrategie zielt.

2. Der Stigmatisierung missionarischer Bewegungen entgegenwirken – Zeit und Raum für die Entwicklung von Neuem geben

Den Umbau der Volkskirche wagen heißt auch, jeglicher **Monopolisierung des Begriffes »Kirche«** entgegenzuwirken. Manche benehmen sich so (oder reden offen so), als seien sie »die Kirche« oder könnten festlegen, was Kirche ist und was nicht.

»Wenn es fromm wird, hören der Pluralismus und die Toleranz in der Kirche plötzlich auf«, so ein betroffener Pfarrer. Der sonst konsequente Relativismus verkehrt sich plötzlich in kämpferischen Dogmatismus oder unbegreiflichen Konservatismus. Durch die undifferenzierte Benutzung des »Schlag«-Wortes **Fundamentalismus** (und die damit implizierte Gleichsetzung mit islamischem Terrorismus) ist viel Porzellan zerbrochen worden.

Die von einigen Gruppen systematisch betriebene Ausgrenzung missionarischer Bewegungen hat den »frommen Exodus« (so eine Untersuchung des Paulus-Instituts von 1992) aus der Landeskirche in Richtung Freikirchen beschleunigt. An manchen Orten war die Verselbständigung von Landeskirchlichen Gemeinschaften eine Alternative.

Die Schaffung eines rechtlichen Rahmens allein genügt nicht mehr. Die atmosphärischen Störungen müssen ernst genommen

und beseitigt werden. Deshalb muß das Konzept der **pluralen Volkskirche** in Wort und Tat umgesetzt werden, damit diese Kirche sich von innen her erneuern und nach außen wirken kann.

Die allgemeine Verunsicherung, die in mancher Selbststigmatisierung ihren Ausdruck findet (»wir bleiben so lange, bis sie uns rauswerfen«), muß durch konkrete vertrauensbildende Aktionen überwunden werden. Dies bedeutet zunächst, sich Zeit zum Gespräch zu nehmen und den anderen verstehen zu lernen. Allgemeine Absichtserklärungen, daß »wir den Pietismus und auch die Charismatiker in der Kirche brauchen«, wirken – wenn sie überhaupt geschehen – wenig überzeugend.

Die **Entwicklung von Neuem** geht nicht von heute auf morgen. Wir merken, daß manches Althergebrachte nicht mehr ausreicht, den Herausforderungen einer sich ständig verändernden Gesellschaft als »Kirche für andere« gerecht zu werden. Dabei wird auch deutlich: neu ist nicht gleich gut. Bewährtes zu erhalten und Neues zu gestalten braucht viel Fingerspitzengefühl beim kirchenleitenden Handeln, und Pioniere in der Entwicklung von neuen Gemeindeformen brauchen Ermutigung und Rückendeckung durch »ihre« Kirchenleitung.

Die Vision einer **Kirche für morgen** gemeinsam zu entwickeln und zu tragen, ist die einzige Chance, um zu vermeiden, daß sich der »neue Wein« unkontrolliert Bahn bricht. Die schon heute mancherorts sichtbaren Fehlentwicklungen lassen sich gut mit dem bekannten biblischen Bild vergleichen: Geborstene alte Weinschläuche und versickernder neuer Wein. Viele Anstrengungen waren umsonst.

3. In Forschung und Mentoring investieren

In der Entwicklung von neuen Gemeindeformen hat unsere Kirche noch wenig Erfahrung. Daher werden das Know-how der **Gemeindegründungsbewegung** sowie ähnliche Projekte innerhalb der anglikanischen Kirche **(Gemeindepflanzungsbewegung)** für den Umbau der Volkskirche grundlegende Bedeutung haben. Die Erfahrungen anderer lutherischer Kirchen in Skandinavien, USA und Afrika bieten viele Anregungen.

Ausländische Modelle und Erfahrungen können aber nicht einfach übernommen werden. Durch nationale Konsultationen und in Arbeitskreisen auf regionaler Ebene muß jeweils ein **»deutscher Weg«** gefunden werden. Jede Landeskirche (insbesondere in den neuen Bundesländern) muß für sich entscheiden, wie eine Kontextualisierung erreicht werden kann.

Der erste Wurf wird vielleicht nicht gleich ein Volltreffer sein. In einer Zeit des Übergangs brauchen wir Mut zum Provisorium und Zeit, um Neues denken zu lernen.

In der Kirchenleitung werden Ansprechpartner benötigt, die als **Koordinatoren** begleitend und bündelnd wirken. In einzelnen Regionen müssen öffentlich **Beauftragungen vor Ort** ausgesprochen werden, Neues zu entwickeln und gestalten zu dürfen.

Eine **teilweise Freistellung von hauptamtlichen Mitarbeitern** für eine befristete Zeit, die Änderung ihrer Dienstordnung und eine Anschubfinanzierung durch befristete Mittel aus dem Haushalt der Landeskirche könnten den Umbau der Volkskirche mittelfristig sicherstellen. Langfristig werden die freiwilligen Spenden an Bedeutung gewinnen. So können zusätzlich Arbeitsplätze neben dem landeskirchlichen Stellenplan geschaffen werden. In Zukunft wird gerade im ländlichen Raum die Anstellung von Teilzeitkräften eine wichtige Rolle spielen.

Bei der Einrichtung von Projektgemeinden muß der Austausch der Praktiker durch **Gemeindepartnerschaften** mit vergleichbaren Projekten gefördert werden. Fachlich kompetente Gemeindeberater sollten in diesem Prozeß die dazugehörende Reflexion sicherstellen.

Auf kirchenleitender Ebene braucht es nicht nur Befürworter, sondern viel mehr Förderer. Vor Ort werden **Mentoren** benötigt, die schwache, frustrierte und desorientierte Leiter begleiten. Andere, die mit der Brechstange arbeiten, brauchen Korrektur. Manche Leiter, die verantwortungsbewußt Veränderung in kleinen Schritten in ihren Gemeinden bewirken wollen, leiden an zementartigen Strukturen, deren Modifizierung tabu ist. In einer solchen Situation steht der Kirchenvorstand jeglicher Veränderung des Status quo ablehnend gegenüber. Hilfe durch die Kirchenleitung und ihre Beauftragten muß die Überforderung auf beiden Seiten abbauen.

Leiterschaftsentwicklung und Gemeindeentwicklung stellen für den Umbau der Volkskirche zwei verschiedene Seiten ein und derselben Münze dar. Die Prozesse müssen wie zwei Zahnräder ineinandergreifen – dann bewegt sich etwas.

Für die Fortbildung ihrer Mitarbeiter in diesem Bereich muß die Kirchenleitung die nötigen Maßnahmen treffen.

Für die Entwicklung von neuen Gemeindeformen müssen Leitlinien wie in der anglikanischen Kirche entwickelt werden, die in der Praxis Laien wie Hauptamtliche zum Experimentieren motivieren,

4. Der Schmerz der Veränderung

Die Entscheidung für kontinuierlichen Wandel macht immer neue Entscheidungen nötig. Man wird nicht stehenbleiben können. Der Ratschlag und die Zusage aus Jesaja 43,18-19 mag hierbei eine Ermutigung sein:

Gedenkt nicht an das Frühere und achtet nicht auf das Vorige! Denn siehe, ich will ein Neues schaffen, jetzt wächst es auf, erkennt ihr's denn nicht? Ich mache einen Weg in der Wüste und Wasserströme in der Einöde.

Manche hören sicherlich »das Gras wachsen«. Die 5 % Innovatoren haben es aber gegenüber den 95 % Bedenkenträgern in der Kirche schwer: Sie haben kaum Ansprechpartner in der Kirchenleitung. Ob sich das bald ändert?

Die Kirchenleitungen müssen jetzt handeln, in einer Zeit, wo es noch möglich ist.

(Zusammengestellt von Norbert Roß, Diakon, Jahrgang 1960, aus über 100 Einzelgesprächen mit hauptamtlichen Mitarbeitern und engagierten Laien unserer Kirche)

Machen Sie mit!

Vielleicht haben auch Sie Interesse, mit »einzusteigen« und mit anderen zusammen ein Zweites Programm in Ihrem Wohnort zu gestalten?

Von ganzem Herzen wünsche ich, daß das Lesen dieses Buches Sie ermutigt hat, etwas Neues anzufangen.

In den letzten Jahren wurde viel über Kirchenaustritte oder das Bleiben in der Kirche diskutiert. Viele Köpfe haben sich dabei heiß geredet, aber suchende Herzen in unserer Kirche blieben trotzdem kalt.

Prüfen Sie die Möglichkeit, in Ihrer Gemeinde nicht nur Hauskreise anzufangen, sondern einen Schritt weiter zu gehen und Gottesdienste für Zielgruppen anzubieten.

Mir ist klar, daß dazu Kreativität, ein langer Atem und eine »Mission« für geistliches Leben in unseren Kirchengemeinden nötig sind.

Sind wir noch bereit, uns gegen alle Resignation, gegen alles fromme Einzelgängertum und gegen alle Spaltungstendenzen aufzumachen und neue Wege in unserer Kirche zu suchen und zu gehen?

Unsere Volkskirche bietet immense Freiheiten zur Verkündigung und zum Bau von Gemeinde. Schöpfen wir diese Möglichkeiten aus! Das war der Weg unserer geistlichen Väter und Mütter in der ersten Christenheit, bei den Hugenotten, in der Reformationszeit und in der Zeit des Pietismus. Im geistlich verantwortlichen Ausnutzen der evangelistischen, missionarischen und rechtlichen Möglichkeiten sollten wir in unserer Kirche viel mutiger, flexibler und erfinderischer sein.

Ich halte D.I.E.N.S.T. für ein herausragendes Programm ...

Peter Strauch

Präses im Bund freier evangelischer Gemeinden

WILLOW CREEK EDITION
Kirche für Distanzierte

Seminare von DISG-Training

werden im gesamten deutschsprachigen Raum von autorisierten und befähigten Trainern durchgeführt. Die Seminare richten sich an Personen, welche den gabenorientierten Ansatz in ihre Gemeinde einführen möchten. Im Zentrum der Seminare stehen das D.I.E.N.S.T.-Programm von Willow-Creek bzw. Selbstlerninstrumente von DISG-Training.

- ☐ D.I.E.N.S.T.-Workshop für Multiplikatoren - „Schmecket und sehet"
- ☐ Autorisierungsseminar für das D.I.E.N.S.T.-Programm - Werden Sie zum Trainer Ihrer eigenen Gemeinde
- ☐ Persönlichkeitstraining für Christen - Sich und andere besser kennenlernen
- ☐ Teamtraining für Christen - Zusammenarbeit lernen und verbessern
- ☐ Alle aktuellen Seminartermine im Überblick
- ☐ Wenn Sie D.I.E.N.S.T. in Ihrer eigenen Gemeinde einsetzen wollen ...
- ☐ Sonstiges

____

____

Ihre Adresse

Fordern Sie die gewünschten Unterlagen bei uns an. Wir informieren Sie gerne!

____

____

____

____

____

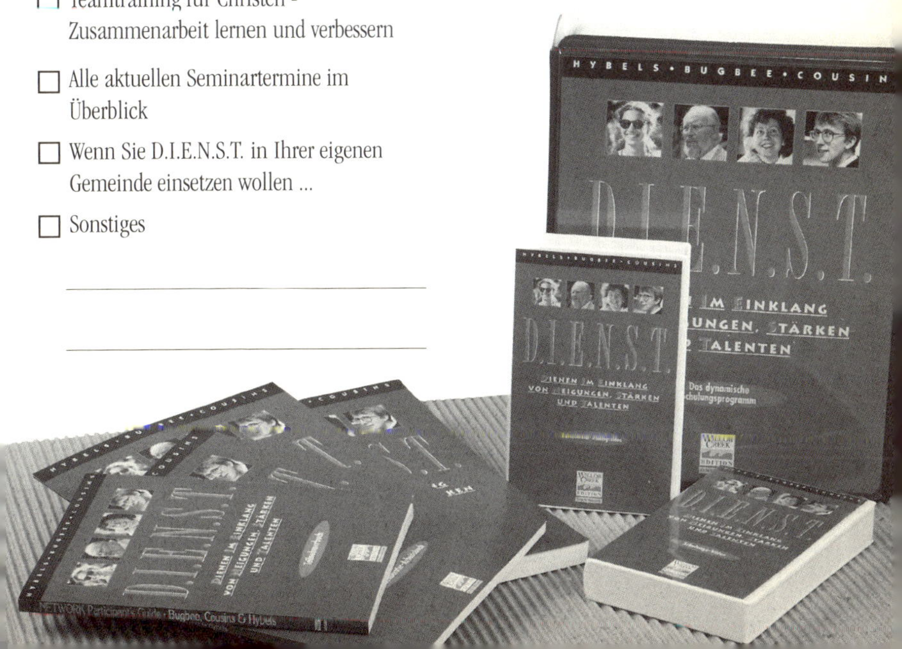

Bernd Schlottoff

Den Aufbruch wagen

Zehn Thesen zur Zukunft der Kirche

128 Seiten; DM 10,95
RBtaschenbuch, Bd. 501
Bestell-Nr. 220 501

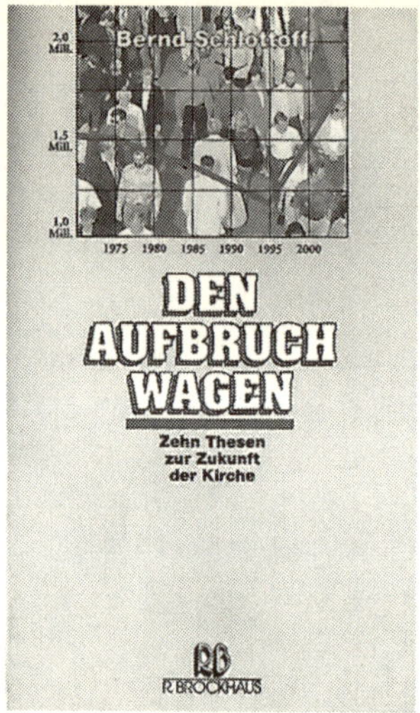

Gemeinde verwalten oder zu neuen Ufern aufbrechen?
Weite Teile der Kirche hat eine Lähmung ergriffen, die bedrohliche Ausmaße annimmt. Was tun?
In seinen zehn Thesen zur Zukunft der Kirche entwickelt Bernd Schlottoff eine Vision, wie es zu Neuaufbrüchen kommen kann: Gemeindegründungen innerhalb der Kirche schaffen einen neuen Freiraum. Durch die Kreativität und Glaubwürdigkeit der Laien geht von diesen Gemeinden eine starke Ausstrahlung aus. Die Gottesdienste werden zu Festen, auf die sich die Besucher schon die ganze Woche freuen. Hier empfangen sie auch die Kraft, in ihrer persönlichen Umgebung das Evangelium weiterzugeben und Menschen einzuladen.
Ein Buch, das »Profis« wie Laien entscheidende Anstöße gibt.

Bernd Schlottoff, Jahrgang 1938, ist Gemeindepfarrer in Minden. Darüber hinaus ist er in mehreren nationalen und internationalen Gemeindeaufbau- und Gemeindewachstums-Organisationen leitend tätig und Referent im In- und Ausland. 22 Jahre war er Pfarrer im Kirchenkreis Herne, danach drei Jahre hauptamtlicher Vorsitzender der Arbeitsgemeinschaft für Gemeindeaufbau in Deutschland (AGGA).

R. BROCKHAUS VERLAG WUPPERTAL